跨境并购
人力资源管理指南

冯元石 崔杰 著

CROSS BORDER M&A
A GUIDE TO HR MANAGEMENT

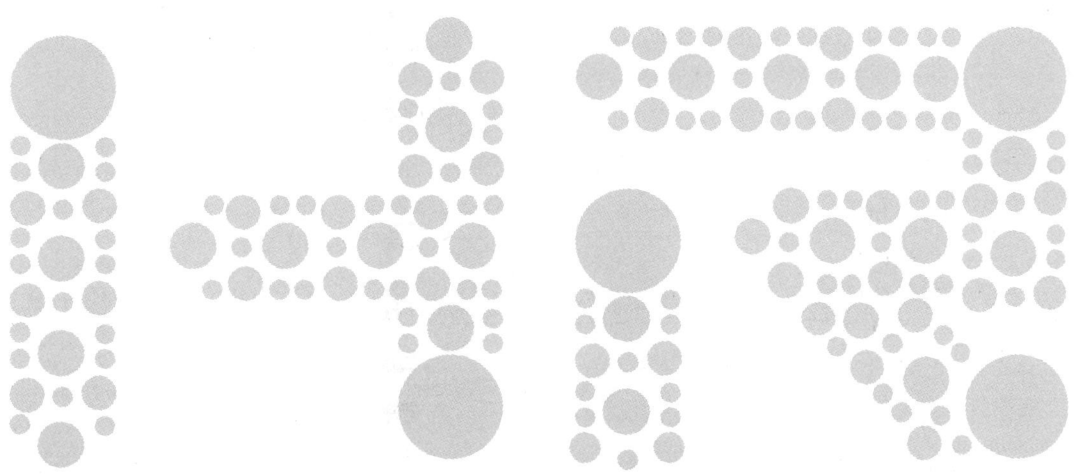

图书在版编目（CIP）数据

跨境并购人力资源管理指南/冯元石，崔杰著. —北京：经济管理出版社，2015.6
ISBN 978-7-5096-3723-4

Ⅰ. ①跨…　Ⅱ. ①冯…　②崔…　Ⅲ. ①企业—跨国兼并—组织管理学—研究—中国
②企业—跨国兼并—人力资源管理—研究—中国　Ⅳ. ①F279.247

中国版本图书馆 CIP 数据核字（2015）第 080690 号

组稿编辑：张永美
责任编辑：张永美　王格格
责任印制：黄章平
责任校对：车立佳

出版发行：经济管理出版社
（北京市海淀区北蜂窝 8 号中雅大厦 A 座 11 层　100038）
网　　址：www. E-mp. com. cn
电　　话：（010）51915602
印　　刷：三河市延风印装有限公司
经　　销：新华书店
开　　本：710mm×1000mm/16
印　　张：9.25
字　　数：150 千字
版　　次：2015 年 9 月第 1 版　　2015 年 9 月第 1 次印刷
书　　号：ISBN 978-7-5096-3723-4
定　　价：40.00 元

联系地址：北京阜外月坛北小街 2 号
电话：（010）68022974　　　邮编：100836

序

本书试图就中国企业进行海外并购的过程中面临的挑战与问题，从组织与人力资源的角度进行体系化、深入浅出的阐述。笔者希望在未来若干年内，本书能作为中国企业此领域的教科书而得以普遍应用。本书致力于阐述并购交易参与者，尤其是组织与人力资源的专业人士应掌握的原理和原则，同时辅以对实操中的要点介绍。

对于许多中国企业而言，如何通过海外并购来实现企业的发展已逐渐成为十分重要的管理课题。我们认为，跨境并购的能力不单会左右一个公司的命运，最终也会影响到一个行业，甚至整个国家的兴衰。希望本书能在更多中国企业进行富有成效的海外并购、跻身于世界领先公司之列的过程中尽微薄之力。

本书主要依照跨境并购的流程，从组织与人力资源角度对并购交易由始至终展开阐述。此外，企业以大型的跨境并购为契机，需要经常构建或重新调整全球性的组织架构，本书也会涉及这一部分内容。

本书基于笔者作为美世咨询全球并购咨询顾问为众多客户进行跨境并购交易提供咨询的经验，以及间接了解到的其他相关案例。美世咨询拥有专门的全球并购咨询团队，他们与遍及全球各地的美世咨询的技术专家通力合作，为客户在交易中遇到的组织与人力资源方面的挑战提供解决方案。本书的产生无疑依托于美世咨询国内外同事们的渊博知识及丰富经验。在此也同时声明，本书的内容和观点所涉责任由笔者全权负责。

非常希望此书能对读者有所帮助，为中国企业“走出去”和构建全球化优势贡献我们微薄的力量。

美世咨询全球并购咨询业务：冯元石、崔杰
2014 年 12 月

目 录

第一章　中国企业与跨境并购

本章要点

1. 从组织与人力资源的角度看并购交易的难度

跨境并购交易在组织与人力资源方面的难易程度存在明显差异，收购方必须清楚地了解“哪些并购案的哪个部分存在难度”并采取相应措施，这是并购成功不可或缺的。

2. 确立对于收购对象管理层的治理

切勿混淆“管理”（Management）和“治理”（Governance）的概念。针对海外收购对象进行管理，不可避免地需要在人才培养等方面付出大量时间；但要实现对于海外收购对象管理层的治理，则不但需要从完成并购后不久就在一定层级上付诸实施，还需要采取恰当的方式才有可能实现。

3. 跨境并购流程概览

跨境并购是一个与对方进行长时间谈判的复杂过程。我们需在交易开始之时，就从最后必须完成的事项倒推来确立流程地图，朝着实现理想状态的方向努力。同时，还需考虑到谈判破裂的潜在风险，时刻解读谈判对象的意向与态度，打开局面，推动进程。

1. 从组织与人力资源的角度看并购交易的难度

从组织与人力资源的角度来看，并购的难度可以分为两类——“交易的难度”与“并购后整合的难度”。

首先谈一下“交易的难度”。例如，不论是国内案例还是跨国案例，仅收购企业的一部分而非整体的“分拆式并购”往往操作难度较高。因包含“剥离”或“分拆”这一特别步骤，必须在有限的时间及可调配的资源范围内，将交易对象从并购对象中“分拆”出来。

具体来说，劳动合同是员工与卖方公司签订的，在买方收购了卖方的部分业务（“收购对象”）后，卖方原来的员工不会自动转移至买方。虽然因并购的方案和各国法律不同而有所差异，但通常情况下，卖方业务转让时还必须将员工从并购对象转入买方、向工会说明情况并获取员工个人同意等。根据国情与收购双方的差距，还可能存在有些员工不愿在同等待遇条件下转入新企业的风险。因此，收购方必须及时确定好恰当的新雇用条件并加以解释说明。

此外还需注意，分拆收购来的部分往往并不包含公司的核心职能部门，例如财务、法律、人力资源、IT 部门，以及市场营销、研发这样的职能部门。人力资源管理系统的基本模块（包含养老金、保险、健康福利待遇等）、薪资与人力资源信息等制度也往往不含在内，需额外妥善处理。特别是养老金方面，除工会和员工外，还需向各国政府监管部门、养老运营机构等说明计划并征得同意。

以上这些被统称为“公司独立运营问题（伴随独立运营产生的问题）”[①]。这些问题理应在启动并购的最初阶段就做出初步的评估。但如果没有做好事前的准备工作，就可能导致无法如期实现并购目标、耗费大量成本等不良后果。

下面解释一下“并购后整合的难度”。一个典型例子是并购后需进行组织

---

① 伴随独立运营产生的问题 Stand Alone Issue，指伴随分拆而在人力资源、组织以及其他领域产生的问题。

合并的情形。并购后的被收购对象（在前文所述的“分拆式并购”中，指分拆后收购的业务）不会独立运作，而是将被并入收购方或收购方所在集团的现有组织内。

例如，整合双方都有销售部门时，除产品与客户完全不同的情况外，通常组织整合后销售效率预期会获得提升。若不进行组织整合，则不但会造成机会成本的损失，还会出现组织内效率低下的新问题。因此，大多数情况下最好尽早进行组织整合。辅助部门也是一样，若不尽早进行组织整合，就会出现机会成本损耗与新问题丛生的局面。

在此类组织整合中，对于重复或重叠的职能与员工，必须采取相应的举措进行处理（如进行重组、重新选拔、精简等）。此外，倘若组织已经整合，但人力资源制度还维持不变，则无法实现统一管理。因此人力资源制度也需要适时整合。

这些都并非易事，一方面为避免影响业绩应慎重推进，另一方面还要避免引起诉讼与纠纷，力求圆满解决。此外还有成本与时间的限制，有时还需和工会等进行艰难的谈判交涉。跨境并购中，因为不熟悉当地的情况，之前没有类似的经验，很容易引发风险，带来许多额外的工作。

组织整合与人力资源制度整合主要是在收购之后进行。但是为实现并购后的协同效应，作为并购后整合的一项工作，需要在并购前就充分预见到潜在的问题。

通过以上两个例子，笔者就难度较高的并购案做了说明。这些问题并非凭借多花钱就可以解决，若不能妥善处理，将导致收购和收购后的管理都难以顺利进行，严重影响并购交易价值的实现。

如何应对高难度的并购案

图 1–1 显示的是判断并购交易难度时需要考虑的因素。其中有些方面需要通过人力资源尽职调查才可判明，但其中大部分可以从买方的交易逻辑（即对于并购的基本构想）以及公开信息中事先了解到。

例如，当进入此前未涉足的行业与地区时，就没有太多必要在并购后实施组织整合，这是因为收购方的现有组织与收购对象的组织并无重叠部分。此外，若是通过收购股权的方式获得整个公司，则不存在分拆的问题。

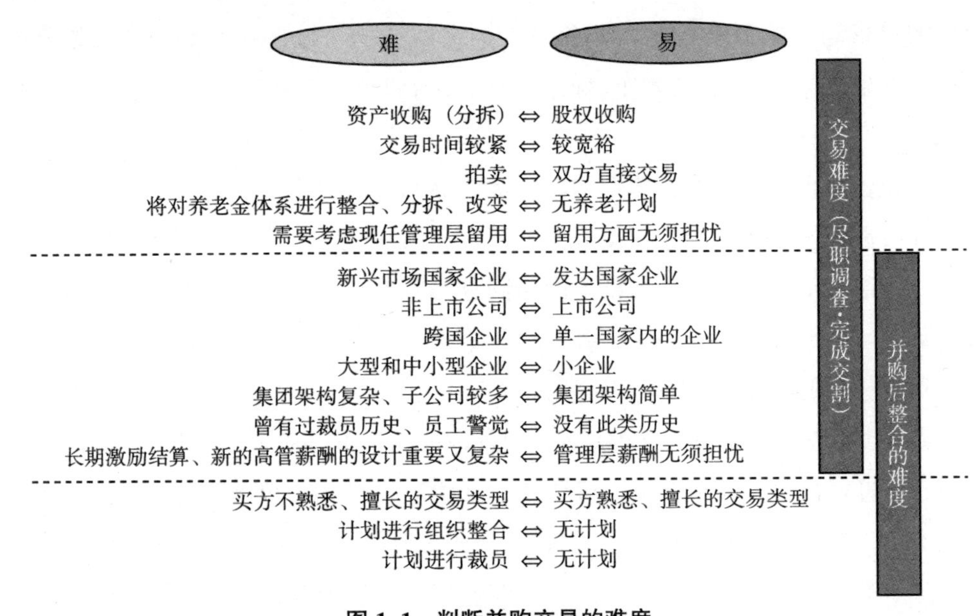

图 1–1　判断并购交易的难度

所以如果可以只挑选那些难度低的并购交易，当然是一个好的选择。这样可以避免很多的工作，能把宝贵的资源投入到其他方面。即便价格稍高些，这样做也可能是值得的。

但这在现实中往往很难做到。例如，双方在产品和技术上具有完美互补性，实施并购或许是今后在激烈的竞争环境中存活下来的先决条件。但是由于双方销售部门功能有很多重合，在交割完成后不得不迅速整合销售体系。另外，市场上往往可供选择的收购目标非常有限，买方没有挑选的空间。此外，当谋求在特定市场、特定领域通过并购来提高市场份额时，那么并购后组织的重叠就是不可避免的。

因此，如何明智地取舍难度较高的并购案、如何尽可能地降低并购交易的实施难度，都是企业所要面临的问题。

企业应当在决定并购前以及在尽职调查期间，尽可能了解该并购交易的难度。不过，由于企业内部对并购都会实行严格的保密，人力资源部门的参与时机常常较晚，在尚未对交割的准备工作以及并购后的整合有深入认识时，并购案就已经基本完成，导致此后各种问题如定时炸弹般层出不穷。这样的情况屡见不鲜。还有一些情况是在跨境并购过程中，尽管企业内部有人力资源团队参与，但相关人员对当地的实际情况没有足够的了解。

此外实施并购交易的结构，特别是在跨境并购中，容易存在盲点。这是因为对于难度高的并购交易而言，由于区域覆盖面大，需要有大量、优质、富有并购经验且可调配的资源来提供支持。这对很多企业来讲都是相当有挑战的。

以收购对象的业务分布在多个国家（几个到几十个）的情形为例。首先，尽职调查应当对各国的法律制度与市场惯例进行详尽的调查。其次，如果是分拆并购，如前所述，收购方需要在各国开展劳动关系转移等烦琐的工作。最后，对于收购后需要进行组织整合的情形，则需要花费更多的精力，在较短时间内完成相对复杂的工作。

即使收购方拥有经验丰富的人力资源团队，除非企业已经在海外的区域总部及各个国家层面拥有健全的职能以及相关经验的人员，或者之前进行过大型的海外收购，其人力资源团队可以为新交易提供支持，否则实施大型跨境收购都会存在诸多的挑战。可以说，在现阶段，能比较轻松地完成大型跨境收购的中国企业还不是很多。

所以针对每一个并购案，企业在最初构思交易的阶段，需要了解所需的组织能力以及自身的差距，调动各方资源，做出详尽的计划加以应对。

2. 确立对于收购对象管理层的治理

人们一般认为难度低、战略契合度高的并购案是最佳的选择。这种情况下，即使价格偏高，买方也会考虑购买。但即便如此，或者正因为如此，反而容易出现一些问题，而且问题往往会是非常大的。

这些问题的本质在于并购后治理的缺失。现实中，往往出现买方将收购的公司全权交给当地的管理层，未对重要的方面实施监控的情形。这虽然表面上看似没有太多问题，但其实隐藏着诸多的风险。

委托给优秀的管理团队进行管理本身是无可厚非的合理选择。但是，收购方不能不管不问，他们需要了解管理层实际在想什么、做什么，及时纠正其中的不足或错误。如无法纠正则需要换人，这就称作“治理”(如图 1–2、图 1–3 所示)。

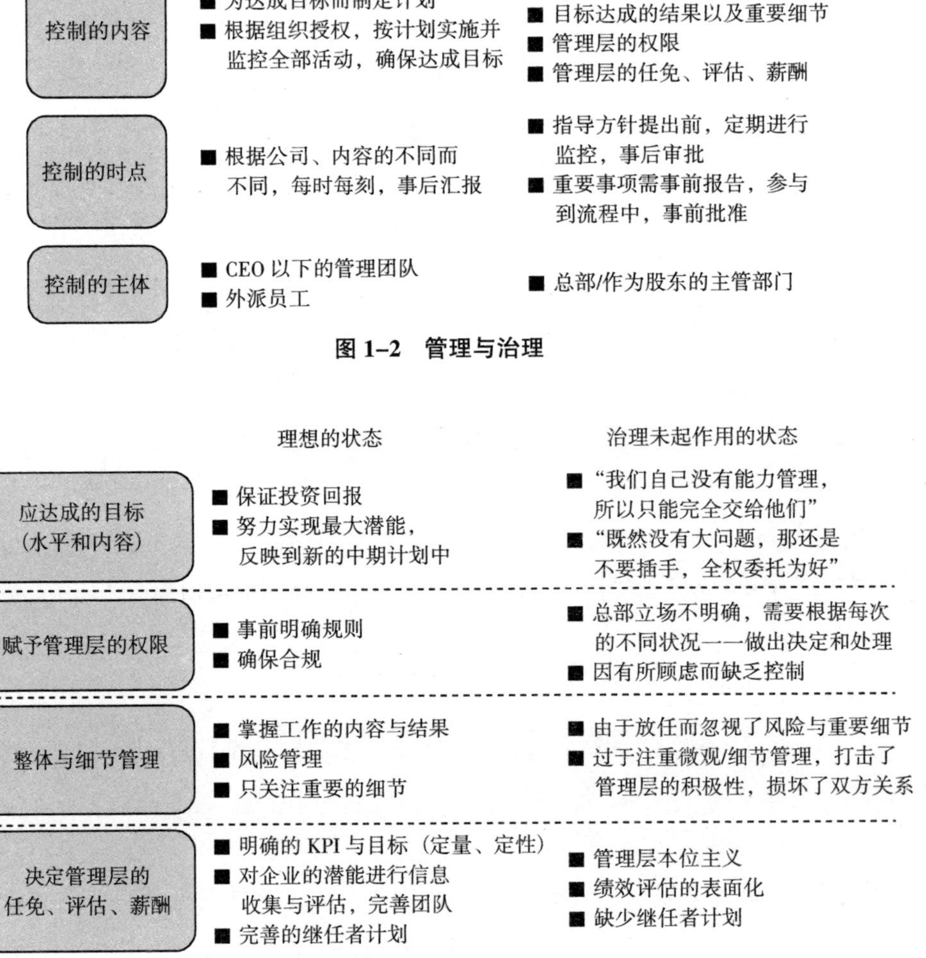

图 1–2 管理与治理

图 1–3 什么是健全的治理

针对治理有两种不正确的想法，一种是“我们自己没有能力管理，所以只能完全交给他们”，另一种则是“既然没有大问题，那还是不要插手，全权委托为好”。

这里更为根本的问题在于，中国企业往往不愿意损害与收购对象管理层的关系，心存顾虑；而且中国企业通常对“还不错”的标准与期望放得太低，容易接受“平庸”的业绩。

治理没有起到效果的情形

即使预见了并购中、并购后的问题，准备好了必要的应对机制，在收购后如何进行有效的治理、切实发挥其应有作用方面也还会存在挑战。下面我们就不同类型的情形举例说明。

对管理层的过度依赖

第一类常见的情形是，对于中短期的业务规划的内容，完全依赖于当地管理层，母公司（或股东）对“什么是该业务的最大潜力（即企业可实现的最大潜能）”、“什么是重要的业务问题”没有足够的认识，结果错失了重要机会，或延误了对重大问题的处理应对。

不仅仅是海外并购，国内并购也常发生此类情况，特别是认为“现在还不很清楚业务内容”、“虽然了解，但是并没有实际处理过，因此对问题的关键之处缺乏自信”时，往往容易陷入这一困境。

将海外当地业务委托给熟悉情况的管理层来管理，很可能是最佳的选择。但是从治理的角度看，评估管理层绩效的标准是需要独立于管理层之外的。在制定中短期业务规划内容的阶段，管理层可能有意或因管理者个人及团队的能力所限，设定较易达成的目标时，都需要进行有效的治理。

例如，如果并购的目的是获取此前未进入的市场、销售渠道、面向当地的产品，收购方对现有管理团队有一定的信心，双方也就留用达成一致意见。正当收购方以为与管理层的关系有了良好开端时，对方提交的业务规划中的营收利润目标比并购估值时的最保守预测还要低很多；虽然表面上看不出太多问题，然而实际上却没有充分预见市场的迅猛增长，未就市场变化和竞争对手的挑战提出足够的对策，结果导致提出的财务指标远落后于竞争对手。

在此情况下，由于对方理应更清楚实际状况，因此若先让其提交方案，在此基础上加以修改，则会因时间限制而很难进行大幅度的改动，甚至会因要求其大幅修改产生摩擦。正由于对方更清楚情况，收购方可能在某些方面无法说服对方。随后为了避免这样的结果，收购方就常会采取回避争议的做法。这最终就形成了恶性循环。

一种值得借鉴的解决此类问题的方法是，收购方或母公司可以聘用公司内部缺少的外部专家，将其纳入整合团队，或者委任其作为收购对象的外部董事；企业可以聘请外部顾问来对尽职调查时的一些假设及构想进行检验确认。

另外，也要注意沟通的方式和方法。应该专注于主要问题进行讨论，不必面面俱到，这样会让对方更容易接受，有利于双方就未来的业务机会、需采取的行动、时间、优先次序等方面达成共识。

基于这一系列沟通讨论来确定制定业务计划或者中期规划的指导方针，是摆脱对管理层过度依赖的具体方法。实施治理的一方一定需主动做好充足的准备工作。

对管控的忽视

第二类常见问题是收购完成后，可能由于运气好，业绩一直都不错，于是母公司或股东就掉以轻心，完全不管不问，直到有一天业务突然恶化或出现重大问题时才大吃一惊。虽然此前在董事会等场合听取过业务汇报，但如果作为总部不实际把握下属企业的内部状况，一旦遇到重大问题时，总部很难了解个中原因。

以上的情况可能包括：①除非询问当地人员，总公司无法了解当地情况；②即使询问可靠的总部外派至当地的员工，还是不清楚具体情况；③即使外派当地的员工去询问实际责任人，也因实际上未采用集中管控，无法马上了解到实际情况。上面的③是最严重的情形。

在随后的调查中，母公司才发现之前管理层在企业管理上存在着诸多甚至很严重的问题。

选择合适的管理团队，委托其进行经营管理，再对该团队进行有效治理，这种做法虽然传统，但到现在仍然是十分必要的。

具体来说，出现以上这些情况，大多是源自管控和职责不明确，对于理应了解的方面，在实际中并未真正掌握；或是源自对管理团队甄选上的草率，在较早阶段就完全信任对方，此后就再不进行监督等。

这类情况不仅局限于海外并购，国内并购中也很可能出现。从对策上来说，首先应明确需要掌握的信息，为此确立相应的机制来监督，定期公开信息；其次要完善发布信息的精确度；最后应坚定地执行。

在实际操作中，收购对象的管理层及相关人员肯定会因为额外的工作量而有所抵触。但是，治理是原则问题，其必要性没有讨价还价的余地。因此收购方需要坚定地要求收购对象去贯彻执行。当然，需要配以恰当的沟通方式及流程。

变革的拖延

第三类常见的情形是重要的业务问题迟迟得不到解决。不少案例在细节上做得很好，获得了正面的评价，但是如果进一步推敲，可能就会得出不一样的结论。

以组织整合为例，常常会见到工作滞后或不够深入的情况。我们会见到一些企业在并购后，一直未能妥善处理由于并购导致的职能重复和员工安置等问题（组织重组、甄选董事和管理职位人选、削减普通员工等）。即便是企业进行了整合，也只是在表面或形式上进行，没有真正地消除重复职能、提高人员生产效率。

作为治理方需要注意，不能优柔寡断。若管理层不作为而延误了必要的变革，治理方完全可以更换管理层来推动变革。

当然，也存在管理层提出了变革方案，治理方却迟迟不做决定的情况。这很可能会招致管理层的不满与不信任。一个后果是无法留住优秀的管理者，导致人员的流失；另一个后果是管理层接受治理方的优柔寡断，开始适应这种行事的方法。并购的初衷是进行变革、实现协同效应，但因为不作为、坐失良机，会严重影响并购目标的实现。

要解决这些问题，首先要以战略的眼光仔细审视并购后制定的中短期业务规划，就组织整合等重大的方面，按照并购的目标要求做出切实可行的工作方案。只要能够做到这一点，就能有效地与管理层就当前组织结构是否合理、人才储备是否充裕等关键问题进行探讨、沟通及决策。

在此之后需要进行组织诊断、增强员工的认识以及具体实施变革。由于需达成的目标是明晰的，因此在组织层面容易造势，也便于监督和取得实际的效果。这一过程还有助于发掘管理人才，将其放入优先培养的人才库，强化公司的人力资源。

为何治理容易停留于形式上

从上述问题的三种类型中可看出，虽然企业可能有所意识，但都没有从一开始着手去解决。企业或者错失了发现、解决问题的时机，或者未能看清楚理想和现实情况之间的差距，或者低估了问题的严重性，或者无法很好地平衡对管理层的放权与管控之间的平衡。为什么会发生这些情况呢？

主要是因为收购方不是很习惯此类讨论，没有想到自己的观点或决策会受到他人的挑战，没有相关的经验来决定如何应对。出现这种情况还可能是因为对业务的未来发展、目标没有一个非常清晰的愿景，因此执行起来也会显得力不从心。这些问题的根本原因在于中国企业领导人在这方面缺乏系统性的训练。

另外一个更现实的问题是，人们往往没有真正理解必须在必要时确保投入需要的资源的重要性。

一种常见的做法是：并购之后的治理，包括建立治理流程本身，投入的管理资源往往都只是最低水平。即使企业内有合格的人员可以胜任有挑战性的工作，但如果缺乏足质足量的资源，就无法确保工作的深入进行。笔者认为，这是导致一些治理空有其表的直接原因。

其他的问题也有可能发生。在跨境并购中，文化的多样性会造成人们之间相互理解沟通上的挑战。什么是未来的共同目标？谁要负责在什么时候做什么工作？谁来进行监督？谁来在发现问题后负责拨正其偏离的轨道？如何确保整体整合的有效进行？如何与相关者的激励挂钩……这一切都需要事前建立相应的机制来应对。

中国企业受传统文化的影响，往往习惯于“在混沌中前行”，只是在遇到问题时才会被动地去讨论解决，很少有企业能够从一开始就认真对待。这是引发上述问题的一个重要原因。

在并购环境下建立有效的治理

随着越来越多的中国企业“走出去”，实施跨境收购、治理这一重要课题将逐渐受到更多的关注。

从欧美大型跨国企业的自身历史经验来看，随着企业扩大海外业务，为了将自己转变成真正的全球化企业，有利于海外业务的长期发展，多数企业会考虑把企业和集团中“本国”(例如“美国”）的定位降级至“一个区域”、“一个中心”，将集团总部与“本国”分离开。这样做一方面便于总部对于全球业务的管理、在全球范围内调配资源，增强集团的竞争力；另一方面可以让本国业务不受海外业务的牵扯，集中精力继续发展壮大本国的业务。将总部和本国分开并提升总部的级别，是企业全球化中建立有效治理机制非常基本、重要的考量。

中国企业由于全球化的时间较短，还没有太多的案例。但是联想在收购 IBM 个人电脑业务后，在美国及中国建立了双总部——美国是联想的全球市场中心，主要负责营销和研发，位于北京的总部主要负责联想在亚洲的业务。这种模式有利于企业长期的治理。

3. 跨境并购流程概览

前面两部分介绍了中国企业进行跨境并购中的困难与挑战。本部分则将这些问题放入组织与人力资源并购的流程图中（见本章章首流程图）并加以说明。

流程图的横坐标是并购的时间节点，纵坐标是组织与人力资源相关工作的分类。

首先对坐标进行简单说明。

最开始的是尽职调查。并购其实就像男女结婚，结婚前要对对方有所了解。收购方在进入最后谈判前，必须“尽可能”对收购对象及其业务进行详尽的调查，特别关注以下方面：①交易内容是否与想要购买的相符；②其具备多少价值；③购买之后是否存在隐患。这里使用“尽可能”一词，是因卖方不会在买方还没有承诺购买之前，完全按买方的要求提供信息，所以尽职调查必然存在局限性。

尽职调查存在时间的限制，买方需在一定期限内在内部决定是否推进此项交易，如果推进交易，以什么样的条件展开。收购方应尽量去收集尽可能多的信息来帮助决策。若无法在时限内收集到足够的有效信息，也必须决定是否推进交易。

尽职调查的结果是决定是否进行交易，如进行交易就进入最终购买协议的谈判阶段，在此阶段需要确定收购价格和交易条件。

若双方达成一致，就到了“签约”这一步。签约指的是在最终购买协议上签字，一般在此时会首次向外界发布消息。从流程来说，从这里进入了进行交割准备的阶段。交割完成是指完成并购交易，以并购款支付转账日为准，并购契约生效，即意味着买方成为收购对象的所有者。这也是为什么交割完成后的第一天被称为“Day 1（首日）”。从签约到交割完成往往需要一个相当长的准备期，包括接受各国反垄断法等的相关审查，以及并购上市公司时进行的要约收购等。

一般的情况可能需要两三个月或者更长，还有不知何时可以通过反垄断审查而无法预测何时能够完成交割的情况。若不需要走这些程序，则从签约到交割完成的时间就比较短，可以短到1~2周，甚至还有当日内完成的。

顺利完成交割后，就进入了交割完成后阶段。并购后整合的一系列活动大部分会发生在这一阶段。

接下来对纵坐标进行简单说明。①“基本任务”，如字面所示，指的是并购时最低限度需要完成的工作。②“治理与管理新体制确立”，正是前一部分讲的中国企业面临问题的核心部分。③“组织整合与人力资源制度整合”，虽然不适用于所有的并购交易，但如需要则工作量会相当大。为了不被其他问题淹没，特单列于此。

对于目前中国企业进行的海外并购，常常见到企业在完成基本任务后就已经耗尽全力的情况，或者企业对并购的整个流程缺乏足够的了解，没有意识到其他工作的重要性，因而无法提前去规划准备这些工作。

跨境并购是一个需与对方经历漫长谈判的复杂过程。需要通过解读对方的谈判意向，不断思考交易终止的可能性，从交易一开始就考虑好必须完成的事项来倒推时间表，向希望的方向努力，打开局面并推动进程。

接下来，我们对并购的流程图进行概要说明。关于每个部分的具体内容将在之后的章节里进行详细解说，这里只是对其结构进行阐述。

“基本任务”中的挑战

“基本任务”首先是组织与人力资源的尽职调查工作。尽职调查需要关注的三个方面已在上文中提及。流程图中变换了一下说法或术语。①“交易风险”指的是那些可能让收购方决定终止交易的风险；②“价格影响”是指虽不影响交易的实施，但相关的风险或问题会对收购价格造成影响；③“整合风险”是指风险虽不影响交易是否进行或影响交易的价格，但可能会给收购后的整合带来挑战。

在尽职调查中了解的相关事项，应尽可能在购买协议中反映出来。之所以说

"尽可能"是因为这需要和卖方谈判后才能最终确定。

在购买协议签订后，需在有限的时间里做好迎接交割的准备。根据组织与人力资源尽职调查的结果，着手解决公司独立运营的问题以及进行人力资源沟通。

如果存在业务单元的转移，涉及公司独立运营等相当复杂的问题，这就需要在组织与人力资源的尽职调查阶段进行深入的工作。如果工作做的不充分，未做好十全的准备就签约，会给接下来的工作带来诸多问题，甚至有些情况下交割都无法顺利完成，让并购后的整合工作无法有一个良好的开端。

在交割日与被购方员工进行沟通也相当的重要，我们需要做好充足的准备。

交割完成后，需要对所收购企业的人力资源制度进一步详细地了解。在尽职调查阶段一般只专注于关键的问题，在细节方面不会有太多的了解。这项工作可以在交割完成后的100日内完成（下文我们将具体描述交割后的"百日计划"）。

"治理与管理新体制确立"的挑战

该阶段的核心问题可以简单概括为收购方如何与被收购方的管理层打交道。对于很多中国企业来讲，现阶段要立刻接管收购过来的海外企业的难度还是相当大的，在实际中最常见的做法是由被收购方的管理层继续控制、管理一段时间。因此，掌握相关的技巧很重要。

该阶段的"整合初步诊断"是指从公开资料信息中分析并购后的挑战，然后在签约前开始考虑现任高管的留用问题。同时也要对并购本身存在的各种约束与挑战，以及并购后的管理框架有一些初步的想法，在完成这些工作之后再进行签约。若无法确保并购后高管的留用，那么跨境并购的风险将会很大程度地增加。

接下来收购方需要利用交割前的时间，确定好治理体系的细节及未来收购对象的管理团队。虽然不一定在签约时对外公布，但是在交割日应公布并购后的治理与管理架构。

在完成以上工作的同时，买方还需要开展将收购对象纳入自身管理体系的工作，建立项目管理办公室，制定并购后的工作计划（即所谓的"百日计划"），以及确定相应的人力资源配置，做好准备，在交割完成后就立刻启动项目管理办公室的工作。

"百日计划"指的是制定交割完成之后约3个月的计划。之所以用3个月这个时间段，是因为如果时间太长了，希望能多了解并购对其影响的员工可能会感到失望，而且通过 3 个月的时间，不论多复杂多详细的计划基本都可以制定出来了。

在完成交割之前，还可以考虑召开双方领导层的研讨会，让双方高管互相认识、熟悉，交换双方的想法，对彼此不同的思维方法、行为风格有一些初步的了解。虽然在制定百日计划阶段，各种各样的问题还会层出不穷，但在事前进行这类热身活动，可以让整合更顺利地进行。

在完成交割后，则需要尽快确立对于被收购方管理层的治理。具体来说，①确立任免权——对高管及管理团队进行测评，如果需要，对管理团队进行调整或更换；②确立评估权——按照“百日计划”来评估管理层的执行与绩效，不受管理层的影响；③确立薪酬决定权——确立薪酬制度以及其运作机制。

最近几年，中国企业对在跨境并购中保留被收购企业管理层的必要性虽然有了更多的认识，但大多还停留在短期维持现状、视对方反应被动应对的阶段。在人员留用上还存在很多的问题，对于中国企业而言更为重要的问题是如何在收购后，通过确立以上提及的“任免权”、“评估权”、“薪酬决定权”这“人力资源三权”，对收购方的管理层进行有效的治理。

“组织整合与人力资源制度整合”的挑战

这项工作其实可以纳入“基本任务”中进行考虑，但由于不是所有的并购都需要整合组织和人力资源制度，而且在交易开始前就基本可以预见是否需要整合，所以为了让流程图更简洁明了，笔者在最下方将此项工作单独列出。

进行组织整合时，由于问题的复杂性，需要投入大量的人力、物力，时间上还存在制约，因此整项工作非常不容易。

正因为不易，所以需要在明晰存在的挑战及决策上预留充分的时间，而且要预见到在实施过程中可能由于各种状况而延迟整合工作的情形。要尽量避免为了赶时间，草草应付整合工作，最终导致并购目标无法实现的后果。

组织整合一般发生在并购完成后的某个阶段。可能并购的一个直接结果就是在交割完成后立即对现有组织进行大规模调整；也可能出于某些考虑，在并购后等待一段时间，在条件成熟后再进行。不管怎样，重点是需认识到这些都是并购的一部分，必须谨慎、按适当的节奏来进行贯彻落实。此外，若是出现所在国本地的问题则可以交由当地处理，但是要避免整合后总部不了解实际的情况及存在的问题，从而失去管控的情况。

进行组织整合肯定涉及成本。因此，整合后新的组织的绩效与效率必须比之前有显著的提高。而且，作为股东必须切实地掌控新组织的设计及其实施。

近年来中国企业的跨境并购经验虽然显著提高，但是笔者认为从组织与人力资源的角度，未来中国企业需要对以下挑战引起足够的重视：

（1）针对潜在风险实施有效的尽职调查（第二章）。

（2）在高难度交易中顺利完成交割（第三章）。

（3）有效留用管理层（第四章）。

（4）对管理层建立有效的治理（第五章）。

（5）对管理层薪酬的治理（第六章）。

（6）组织整合（第七章）。

第二章　针对潜在风险实施有效的尽职调查

本章要点

1. 谈判时的尽职调查

尽职调查的过程充满了各种制约因素。同时由于情况不断发生变化，时机的把握也十分关键。一定要时刻明确我们出于何种考虑、要调查什么内容、为此我们需要在何时取得什么样的信息，并且相应地采取适当获取信息的方式，以及信息分析方法。

2. 不同情形下的组织与人力资源尽职调查

在开始尽职调查前，必须在一定程度上预见到收购后将如何整合。因此组织与人力资源尽职调查的目的在于确认交易是否应该进行，并且预判整合的难度。根据并购后整合模式的不同，应在尽职调查中纳入需要特别关注的项目。

3. 尽职调查前的整合契合度诊断

并购后的整合没有后悔药。鉴于整合是一项艰巨的任务，在尽职调查前或者初期阶段，如果能对收购后的整合难度有一个大致的预判，将起到重要的作用。通过分析公开信息等手段，既不给卖方增加负担，实施起来成本又低。诊断可以筛选出阻碍交易和促进交易的重要因素。

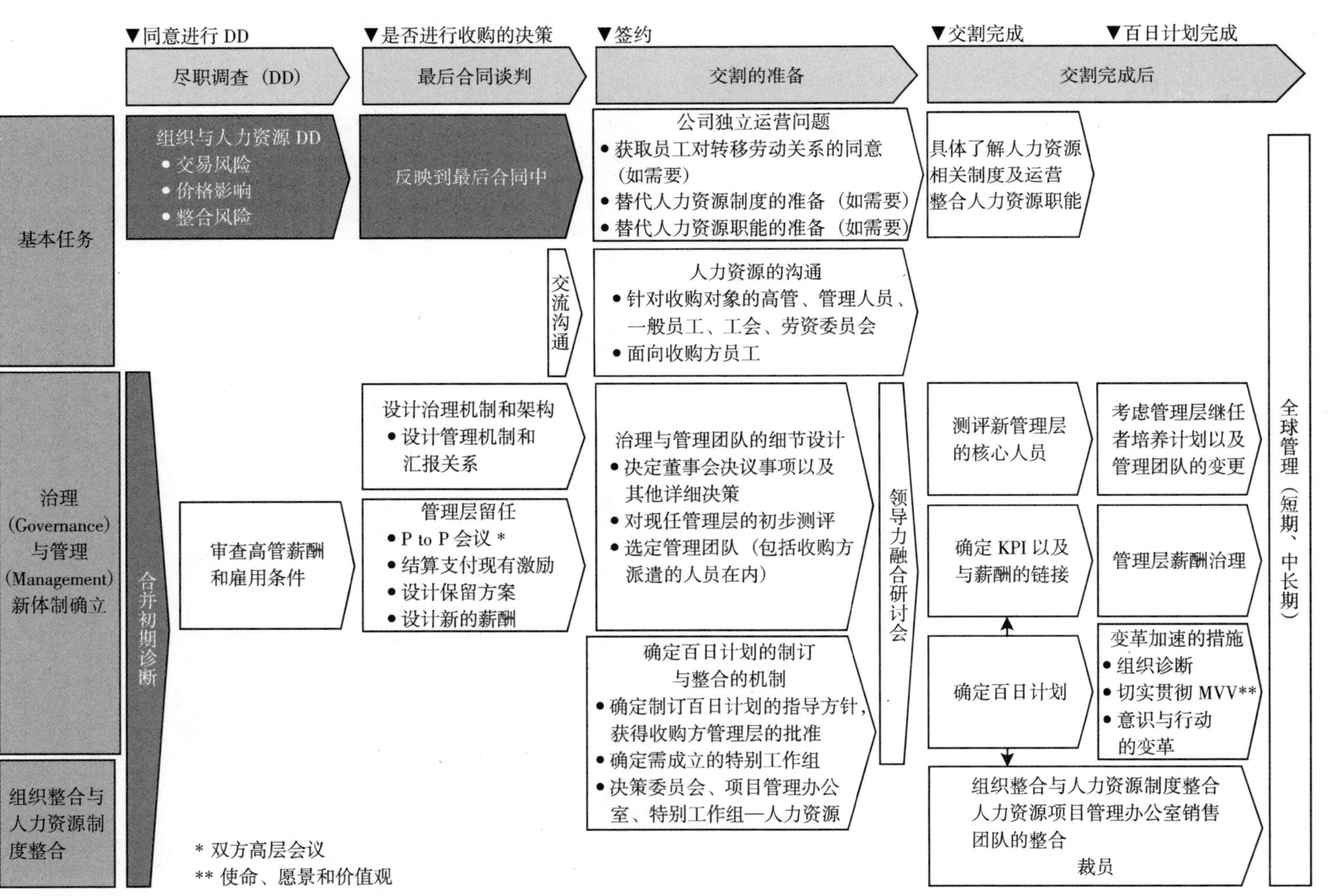

▼同意进行DD
▼是否进行收购的决策
▼签约
▼交割完成
▼百日计划完成
尽职调查（DD）
最后合同谈判
交割的准备
交割完成后
基本任务
组织与人力资源DD
• 交易风险
• 价格影响
• 整合风险
反映到最后合同中
公司独立运营问题
• 获取员工对转移劳动关系的同意（如需要）
• 替代人力资源制度的准备（如需要）
• 替代人力资源职能的准备（如需要）
具体了解人力资源相关制度及运营
整合人力资源职能
交流沟通
人力资源的沟通
• 针对收购对象的高管、管理人员、一般员工、工会、劳资委员会
• 面向收购方员工
治理（Governance）与管理（Management）新体制确立
合并初期诊断
审查高管薪酬和雇用条件
设计治理机制和架构
• 设计管理机制和汇报关系
管理层留任
• P to P会议*
• 结算支付现有激励
• 设计保留方案
• 设计新的薪酬
治理与管理团队的细节设计
• 决定董事会决议事项以及其他详细决策
• 对现任管理层的初步测评
• 选定管理团队（包括收购方派遣的人员在内）
确定百日计划的制订与整合的机制
• 确定制订百日计划的指导方针，获得收购方管理层的批准
• 确定需成立的特别工作组
• 决策委员会、项目管理办公室、特别工作组—人力资源
领导力融合研讨会
测评新管理层的核心人员
确定KPI以及与薪酬的链接
确定百日计划
考虑管理层继任者培养计划以及管理团队的变更
管理层薪酬治理
变革加速的措施
• 组织诊断
• 切实贯彻MVV**
• 意识与行动的变革
组织整合与人力资源制度整合
组织整合与人力资源制度整合
人力资源项目管理办公室销售团队的整合
裁员
全球管理（短期、中长期）
* 双方高层会议
** 使命、愿景和价值观

1. 谈判时的尽职调查

企业进行收购需要搜索筛选收购对象、实施尽职调查、做出收购决定并与对方谈判。在双方达成收购协议后，还需要进行各种整合的工作，整套流程需要投入大量的人力和物力。在进行收购前买方应对以下方面做出尽可能详尽的调查：①收购对象包含哪些内容？②收购对象具备多少价值？③收购后可能遇到的挑战。以上调查过程被称为“尽职调查”。

如果尽职调查中发现存在问题，就应尽快探讨相应的对策。是将该问题反映在收购价格里（通常采取向下调整价格）、体现在购买协议的条款（陈述与保证条款等）中，还是重新考虑是否进行此交易？

对于“收购对象包含哪些内容”这一问题，在决定收购与否时总有些基本的信息需要在事前了解清楚，不管其是否会构成风险。所以买方应首先对这些方面进行调查。例如，收购对象在哪些国家设有多少分支机构、每个分支机构中各类（例如正式或临时）员工数量、管理团队的构成等。

在某些情况下，“收购对象包含哪些内容”这一问题会变得非常重要，甚至会决定一项交易成交与否。例如，如果收购的动机是收购对象的研发能力，就需要了解相关研发人员的分布、人数、年龄以及工龄（行业经验）、员工的招聘和培养方式/制度、人员流动率等关键信息。

虽然买方开始时不确定被收购方是否会按照要求来提供信息，但我们一定要清楚哪些是关键信息。尽职调查就是要弄清“需要知道什么信息与为什么需要知道”。

关于“收购对象具备多少价值”这一问题，在人力资源方面也需要对一些项目进行分析，并确定对估值的影响。

养老计划及其他长期福利计划等的债务就是典型的例子。尤其是养老计划，由于企业财务报表上仅仅反映之前某个时点一些有限的信息，所以需要依赖既熟知各国养老金制度又同时了解并购流程的养老金专家来进行详尽的分析，不然很容易忽略一些风险。这里举一个例子。目标公司是一家欧洲企业，提供待遇确定型养老计划。卖方提供的精算报告是一年多前出具的，由于市场环境变化，精算假设也有了很大的调整。我们的精算专家估计折现率（一个重要的精算假设）已经比上次报告时降低了约 70 个基点，所以养老负债上升了近 12%，约 7000 万欧元。

关于“收购后可能遇到的挑战”这一问题，应当预先判断签约后及交割完成后会出现什么问题，确定哪些是需要提前了解掌握的，并相应做好准备。

例如，如果买方计划并购后实施组织整合，就需要事先调查清楚买方与收购对象的人力资源制度是否相差太远以至于难以整合。对于某些交易还必须提前探讨组织与人力资源制度整合所需的时间和成本。

此外，与收购股权直接购买不同，在业务分拆或剥离的情形下，必须要求员工转移其劳动关系。根据交易情况（比如劳动力市场）的不同，要想促使员工同意转移劳动关系，有时还不得不提高其待遇条件。此时需考虑到此举会对并购后人力成本预算产生的影响。

在有些情况下，譬如业务分拆的情形，或是虽然是全资收购某子公司但该子公司在某些职能上对母公司存在严重依赖，由于这些职能、基础设施及福利等体系不包括在收购对象内，收购后公司将有可能无法正常运转。

以上这些都是子公司因脱离母公司而产生的问题（称作“公司独立运营问题”）。在这种情况下，应首先确定具体的问题，同时在尽职调查中考虑相应的对策，以及所需的成本和时间。

除去公司独立运营问题，买方还要在许多方面进行调查，因为这涉及并购后需要完成的工作。例如，人力资源职能是如何设置的、员工队伍是否配备齐全、总公司与各个区域分支及事业部等是通过怎样的组织架构和层级来进行职能划分的等。

尽职调查是与制约条件的斗争

上文阐述了开展尽职调查的理由和着眼点，在此有必要对尽职调查必须了解的重要事项进行说明。因为尽职调查通常都会伴随着各种各样的制约条件，鲜少能够一帆风顺地推进。

在尽职调查阶段，卖方尚未决定把收购对象卖给买方。因此，卖方不会把所有信息都提供给一个只是潜在的买家。万一买方以收购为幌子，实际上只为获取对方的信息，日后成为强大的竞争对手呢？所以即使买方自认为是合理的请求，也不见得一定能从卖方手里拿到所需的信息。

此外，在一些没有太多时间准备的交易中，例如卖方主动提出并购请求的情况等，买方内部的决策机制可能尚不健全，缺乏足够的响应时间。

因此，一般情况下的尽职调查往往没有足够时间去了解所有的信息。在有些情况下，卖方一开始就会主动向买方提供一些信息，但更为普遍的情况是，卖方根据买方提出的信息要求，在经过判断之后再向买方提供信息。因此，买方必须提前准备整理所需调查的项目，有的放矢地提出信息要求。

另外也有一种情况是卖方早早地就提供了海量的信息，然而经过分析，其中可能多是一些非关键信息或边缘信息。对方之所以这么做，有可能是无意的，但也有可能是出于混淆视听的目的，试图把买方的注意力引向别处，耽误对重要内容的考量。

在尽职调查中，很关键的一点是具有很好的自制力，集中精力调查当前所应了解的内容，不要浪费时间在无谓的事情上。遵循的原则是：可以放到并购完成后再做的事情，就不要在交易过程中去做。严格地以两分法来处理事情，即把所有信息划分为“必须了解的信息”和“不需了解的信息”，尽量不要出现“可能的话，最好了解一下”这一类别。

并非所有的风险都能通过尽职调查发现。无法获得必要的信息，这本身就是一个重大的风险。当遇到卖方不肯提供重要信息的情况时，该如何应对呢？是否有可以替代的方法呢？

围绕尽职调查的攻防战

通过事前谈判，买卖双方一致同意开展以达成并购交易为目标的正式尽职调查，之后尽职调查才能够真正启动。但是，在这个阶段卖方尚未决定出售，因此如前所述，他们不可能提供所有买方所需的信息。

在不同的交易中，有时卖方强势，有时买方强势。例如，有时出现多个买家竞拍目标企业；有时买方只是想在条件很好的情况下进行收购，收购的迫切性很低。由于双方所处的位置不同，在尽职调查中买方提出的信息要求能在多大程度上得到满足也会大相径庭。

此外，在收购上市企业的情形下，按照规定卖方一旦提供信息给某个意向买家，那么就必须同样提供给其他意向买家。正因如此，卖方在提供信息时也会更加谨慎。

另外，卖方在针对尽职调查的要求提供信息时，由于不能直接把公司日常的信息和资料一股脑儿地交给买方，所以必须对“提供什么信息”、“提供到什么程度”做出权衡判断，并相应地投入人力进行准备。在一些情况下，由于卖方规模过小等因素，可能无法安排充足的人力去应对尽职调查。所以买方需要不停地向卖方进行提醒、敦促，才有可能获得满意的信息。

当然在实际过程中，这样的情况也不一定会持续很长时间。有时随着交易的推进，卖方一旦确定优先考虑的买家，也会突然主动地提供信息。但是，为了达到这样的效果，买家需要从交易的全局上进行决策和判断，既要在尚未获得充分信息的情况下提出具有吸引力的购买价格，同时又要考虑尽可能地降低风险。

信息提供情况不佳时的解决办法

一般情况下，只有通过审阅文件和硬数据确认的信息才算真正的可确认信息，但是根据所要确认事项的内容、程度或者所处尽职调查阶段的不同，有时访谈也是非常有效的信息获取手段。

事实上，有时候卖方虽然不肯提供书面材料，但同意口头沟通回答问题。而且通过双向的对话，而非文件、电子文件的传送，可以进行多方面的观察，对于是否会出现重大的挑战更容易做出判断。通过访谈，我们可能会更好地判断，对于必须了解的重要事项，以什么样的理由向对方解释，可以打消对方的顾虑，使其愿意提供信息。

在此，笔者也想谈一谈人员统计数据的重要性。所谓人员统计数据，是指每一个企业员工的数据，包括工作地点、雇用类别、职务、薪酬、工龄等信息。

这类信息是否可以提供给买方呢？很多时候，即使我们提出要求，卖方也不会提供。但是，也有一些友善的卖家愿意在一定程度上进行信息公开（或者随着交易的推进，卖方开始变得友善），例如在回答各部门各岗位人员的平均工资、平均工龄等比较细节的问题时，卖方选择向买方提供人员统计数据，让其自行分析。通过这种方式回答买方的问题相对省事。因此，即使卖方一开始不愿意，但当买方提出需求时，卖方也可能会配合提供。

在实际操作中，通常是由买方（或其顾问）确定希望纳入人员统计数据中的项目，并向卖方提出要求。卖方可能照单全部提供，也可能只提供其中的一部分。无论如何，一旦得到人员统计数据，相比起平均值之类的信息，我们对该并购对象实际架构的了解清晰程度将得到显著提升。

例如，我们可以根据不同的雇用类别，分别制作以年龄为纵坐标、工龄为横坐标的人员分布图。这样一来，公司内部正在逐年形成什么样的员工群体就一目了然了。在此基础上，可以把了解到的过去几年员工的入职、离职情况做一个更为具象化的分析，或者反过来为了证实此前了解到的信息，可以相应地对人员统计数据进行分析并验证。

此外，对于公司内部提供的诸多薪酬激励项目，有时可以通过人员统计数据了解到哪些员工享受了其中的哪项激励。在这种情况下，通过参照激励项目的计划文件，就能分析出诸如“公司对哪类员工更为重视”、“是否有什么特殊的安排”等有助于理解该公司管理层意图的重要信息。

在跨境并购中，尽职调查一般还有很重要的一项任务，就是了解在收购交易完成后需要向管理团队支付多少费用。需要支付大额费用的情况并不少见，因此，在确定购买价格时必须将这一因素考虑在内。而且要考虑对重要的管理层的留用策略。

上市企业高管的相关资料可能已是公开信息。但是也有一些情况，例如收购对象是私募基金所持有的企业，直到最后关头都无法得到这方面信息的例子也不少见。从买方的立场而言，在确定收购价格时，最好能够清楚总共需要支付多少金额。这个阶段以后，在考虑每位高管的留用时，则需要了解每个人的详细信息(如第四章所述，要想留用已获得巨额现金的高管，买方需要做出许多努力)。

2. 不同情形下的组织与人力资源尽职调查

开展人力资源尽职调查，旨在推动并购交易取得成功。并购的成功必须同时满足两点：一是以合适的价格收购想要的东西，二是收购后能够顺利进行妥善的整合和运营。

请参见图 2-1。横坐标是并购的时间节点，在此之前还需确定收购对象。买卖双方在意向书中就尽职调查达成共识后，尽职调查才真正开始。当然，尽职调查的内容并不仅限于人力资源，通常还包括业务、法律、财务、税务、环境、知识产权、IT 等重要领域。

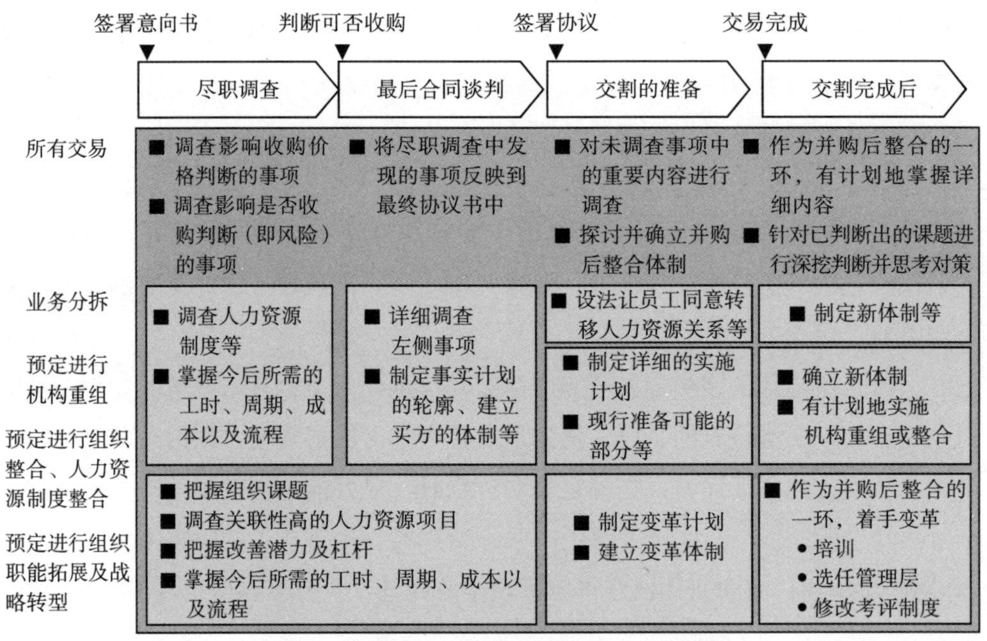

图 2-1 并购的时间轴以及组织人力资源课题

尽职调查并非什么内容都调查，而是以解释疑问和解决问题为目标进行的调查。由于存在很多不确定性，同时还受到严格的时间制约，卖方不可能将自己的情况全盘告知。

在尽职调查结束后，买方即使尚未完成充分的调查也必须做出决策，决定是否继续推进交易。如果要继续推进，接下来就进入最终购买协议的谈判阶段，若能达成一致，则最终进入签约的环节。之后的工作就是交割准备，并在交易完成后进行整合。

正如图 2–1 所示，在尽职调查期间，除了最低要求的调查内容之外，还有一些稍后需要了解的内容。而且，对于确定的调查内容，即使稍晚一些完成，也必须考虑清楚优先顺序并制定相应的调查策略。在这个时候，为提高时间利用效率，需要在准备交割的同时，启动并购后整合的准备工作。

当然，在实际工作中，笔者也遇到过一些不是很好的做法，比如因为受到一些因素制约，买方的尽职调查草草带过，或者在签约后买方没有尽快地将注意力转向整合，导致并购后整合工作迟迟不能推动，无法实现并购的目标。这些都是需要尽量避免的。

在不同的交易情形中，有一些情形特别需要在尽职调查阶段就采取有针对性的举措。这些情形可以分为“业务分拆”、“组织整合”、“组织重组”以及“组织职能拓展及战略转型”等。以下将逐一进行解释。

业务分拆或剥离情形下的尽职调查

与通过获得全部或部分股权收购企业的情况不同，业务分拆是指将买家感兴趣的部分从卖方中分拆或剥离出去单独进行交易的模式。这需要做两件事情：第一，需要“确定想要收购对方企业的哪个部分”；第二，员工一般不会自动随着被收购的资产转移，因此需要将员工的劳动关系进行转移。

在人力资源尽职调查中，“确定想要收购对方企业的哪个部分”的核心任务是确定希望其转移劳动关系的员工名单。业务分拆本质上是购买企业的业务或资产。其所附带的员工，尤其是那些一旦流失就会影响收购的关键员工，是人力资源尽职调查所需确定的关键信息。任何时候总有员工想换工作，尤其在并购情形下，由于存在不确定性，很多之前没有打算跳槽的员工也会有此想法。如果许多骨干员工不愿意转移劳动关系，那么买方就可能不会实现交易的预期价值。

有些关键员工可能是从母公司派到将要分拆的业务中的，他们本来打算在收购完成后返回母公司。与这些员工进行留用谈判也是转移劳动关系谈判中的一个组成部分。

另外需要指出，卖方也有可能把收购视为人员调整的绝佳机会，可能趁机把绩效差的员工大量转移至即将被收购的业务中，所以买方需要高度警惕。

在人力资源尽职调查程度，虽然尚未做出收购与否的决定，也需要提前了解和准备一些事项，比如收购对象有多少员工需要转移、如何定义转移员工的范围等。当交易进行到一定阶段，通常会进一步逐个确认每个需要转移劳动关系的员工姓名以及详细信息，并有可能与高管甚至一般员工一一进行谈判。

在人力资源尽职调查阶段还有一项重要任务需要完成。为了提供有吸引力的劳动关系转移条件，需要对并购对象现行的人力资源制度进行评估及市场对标，明确对方哪些做法是市场上常见的，哪些是高于或低于市场的做法。在此基础上，确定新的雇用条款。

毫无疑问，成本是一个非常重要的考虑因素。如果只提供员工与其之前同等的待遇条件，有些员工可能没有意愿转移劳动关系。而要说服员工接受比之前低的待遇条件，就更加有挑战性。要想说服员工同意转移劳动关系，关键是要提供有竞争力、符合市场行情的雇用条件。如果不了解市场操作，谈判很难顺利进行。在有些情况下，诸如劳动力短缺的市场或人才竞争激烈的行业，如果只提供与现在相同的待遇，人才的保留会很有挑战。这就需要在权衡成本的同时，把握好待遇增加的幅度。

在某些方面，比如养老金计划以及其他的福利项目，可能很难复制之前的计划。即使理论上可以复制，也可能出现无法找到福利供应商的情况。所以在签约前，必须对这些方面的问题有所判断。例如，能否给员工提供与目前同等水平的福利待遇？如若不能，有没有能够提供同等价值福利的替代方法？如果有，需要做哪些准备、花费多少时间和成本等。

最后要指出的是，即使只是提供同样的福利，但由于人员规模等发生变化，并购后企业的成本也可能会有所上升。

预期进行组织整合情形下的尽职调查

虽然到目前为止，中国企业在海外收购后进行组织整合的案例并不是很多，我们相信随着更多的中国企业“走出去”，越来越多的企业未来会进行组织整合。例如买方在海外有自己分支机构的地方进行收购（然后进行组织整合），或者将之前收购的子公司和新收购的公司进行整合等。

进行组织整合时的考量与处理劳动关系转移稍有不同。差异在于，一旦进行组织整合，人力资源体系的整合必不可少。如何实现人力资源体系的整合、整合需要多少资金和时间，这些问题都十分复杂。

具体而言，在尽职调查时需要清楚，双方的人力资源体系所基于的理念在多大程度上是可融合的。人力资源体系有三大模块，即职级、薪酬和绩效考核。如果双方职级体系中的职级划分截然不同、绩效考核的标准差异很大等，都会成为整合中的难题。

即使这些差异不至于影响是否收购的决定，也会对并购后整合的时间产生影响。如果组织整合需要相当长的时间，整合后的组织运营就会受到制约，可能影响协同效应的实现。在有些情况下，也可能导致收购价格的调整。

对于一些员工流动率很高的企业，只要确定了未来的政策，经过几年的人员变动，人力资源体系整合的问题就会慢慢消失。但是对于员工流动率低的并购案，如果不谨慎考虑人力资源体系的整合，企业会在较长的时间内受到困扰。

综上所述，买方在此类情形下需要在了解双方人力资源体系的基础上，预判并购后整合的难度。所以这与单纯处理劳动关系转移的情况有所不同。另外需要指出，许多中国企业对自身海外分支的人力资源制度没有太多的了解，导致在进行海外整合业务时出现延误。

预期在并购后进行组织重组情形下的尽职调查

严格地说，组织整合属于机构重组的一种情形，不过除组织整合外，组织重组还包关闭分支机构、进行业务变革等情况。在人力资源尽职调查中，要根据企业的业务规划，预测必须进行多大程度上的组织重组，通过多次的模拟，确定所需的流程、周期以及成本。这不仅会影响收购的价格，而且组织重组的内容和程度也可能成为卖方在选择买家时的考量因素。

如果将养老金也纳入模拟测算的范围，可能会产生相当大的工作量并增加工作的复杂性，因此在做工作计划时需要额外注意。

预期在并购后进行组织能力提升及业务战略转型情形下的尽职调查

笔者认为，买方做出溢价收购的决定，那么在并购后整合时通常可能要大幅提升组织能力，转变企业战略，并设定高于以往增长水平的业绩目标。这一点其实也适用于所有的并购交易。

要想清楚了解组织及其潜能和杠杆，除了进行访谈外，也可以通过分析人力资源数据来获得一些有价值的信息。对于人才流动（从人员招聘、发展到离职）、目前员工的士气、员工激励的动机及手段等方面信息，可以在人力资源尽职调查的信息要求中具体注明。

当然，这些信息一般不太会影响到交易的推进，也不太可能左右收购价格，但是考虑到人才是创造价值的来源，一旦买方决定收购，这些信息的价值就会立刻体现出来。

3. 尽职调查前的整合契合度诊断

由于买卖双方存在不同程度的差异，在大多数并购案中，交易完成后收购方和被收购方的整合都会是一项挑战。收购后整合的成功与否甚至被认为是整个并购成功与否的决定因素。

收购完成后，即使不进行组织整合，而是直接将收购的企业变成收购方独立子公司的投资型收购，同样也会遇到整合难题。这是因为即使不进行组织整合，收购对象也将被纳入收购方的体制中。至少在高管层面，之前的惯用做法将不可避免地因为收购而进行改变。当然，如果未来需要进行组织整合，那么改变将波及整个组织。

企业文化整合：并购成功的关键

许多读者可能都看到过类似图 2–2 中针对并购的调研结果。图 2–2 是关于并购成功要素的调研结果。其中高居首位的是企业文化的整合，占比近 60%。需要指出的是，这是一项全球范围的调研，调查对象并非只是中国企业。

正因如此，市场的最佳实践是在收购前对收购对象的企业文化进行分析。若收购后需要进行组织整合，重要性自不必说。即使不进行组织整合，提前了解整合的难度，也是非常有益的。如果预判整合难度高，就需要对整合的内容、流

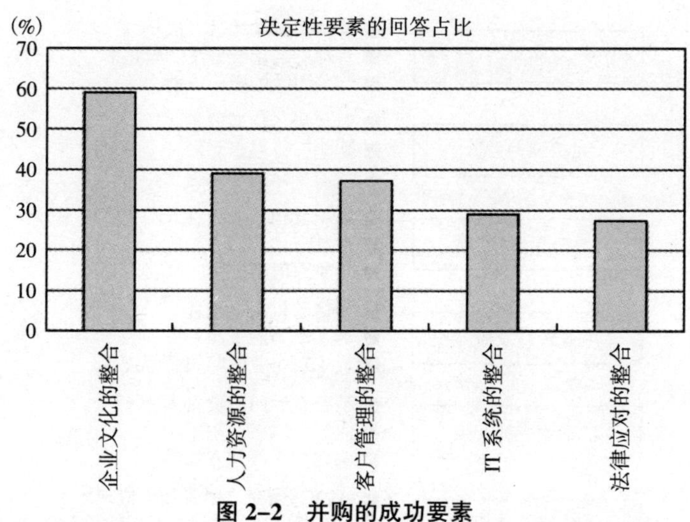

图 2-2　并购的成功要素

资料来源：The Global M&A Survey: an outlook on global M&A activity，December 2011，by IntraLinks in association with Mergermarket.

程、投入的时间及资源等事前进行充分的探讨，并制订相应的整合计划。

如果预判整合难度非常高，买方可能会重新审视是否进行收购。世界知名企业思科系统的一项原则就是："我们不会收购与思科企业文化不相容的企业——一旦发现不能相容就立即停止收购计划。"

在做出收购决策前，对于整合的难度有所预判非常重要。收购方需要采取一套在尽职调查期间具有可操作性、成本可控的方案，对整合难度进行初步诊断。

在尽职调查期间或之前初步诊断整合的难度

与签约后或者交割完成后相比，尽职调查阶段的信息获取和分析所受到的制约程度无疑要大得多。不过，在实际操作中还是有办法来解决的。

图 2-3 所显示的是美世公司在诊断整合难度或匹配性时通常采用的视角。这些视角都是美世公司在世界各地无数的实战中总结的经验，具有很强的实用性。

在阐述这六个视角之前，我们先谈一下在交易陷入胶着、买卖双方互不合作的阶段，可以通过何种方式来获得哪些信息。

在对方不合作的情况下，可以采取不给对方增添额外负担的非侵入性诊断方法。

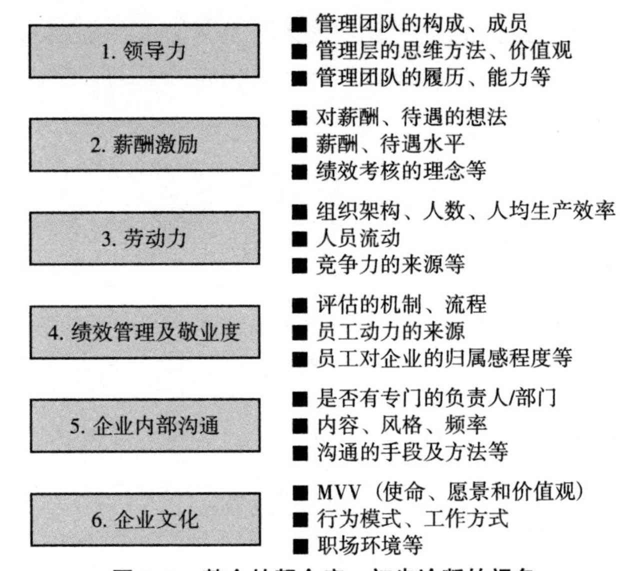

图 2–3 整合的契合度：初步诊断的视角

因为具有非侵入性，所以要充分利用公开信息（如公司网站、年报等）以及卖方和收购对象主动提供的信息。值得一提的是，在主动提供的信息中，并非全部都是由买方提出要求、卖方进行判断并决定提供的信息，往往也包括买方没有提出需求的信息。

美世的做法是根据这些信息初步诊断出整合难度，将诊断结果整理成《整合契合度诊断报告》，或者纳入人力资源尽职调查报告。

虽说非侵入性诊断基于的信息可能不够全面，但正如下文所介绍的，这种方式能够在一定程度上预测到并购整合中可能遇到的问题，并且从交易的潜在促进要素和潜在阻碍要素两方面出发，对预测到的问题进行评估。

整合契合度诊断的六大视角

在此，我们将具体阐述诊断整合契合度的六个视角。

领导力

即使在不需进行组织整合的并购案中，收购对象也将被纳入收购方的体制。未来在业务规划的制定、月度报告的方法等方面都需要与收购方保持一致。

在进行组织整合的案例中，需要进一步将收购方和被收购方的两支管理团队整合为一支队伍。对于中国企业而言，整合管理团队的情况主要发生在海外。也就是说，将收购方原本设在当地的企业法人或者以前收购、现已成为其旗下子公司的企业，与新收购的企业进行整合。

在这种情况下选择哪一种组织整合方式，将影响到管理团队的整合。一种方式是对等地整合两个公司，另一种方式是规模大的公司完全分解和吸收规模小的公司，基本上不保留其原有架构，还有一种方式是保留小公司的原有架构并纳入大公司中。

需要注意的是，收购方的既有组织未必比此次收购的公司规模更大或者架构更合理。

诊断整合的难度，就是要在谨记上述要点的基础上，研究两支管理团队在多大程度上相似，如何才能融洽合作。当然此时还没到实施第四章、第五章介绍的管理层测评的时候。

进行非侵入性诊断，需要将管理团队各个成员的履历与公司的发展阶段对照解读，并且确认其管理理念。

一般情况下，如果两个公司的管理团队相似度高（若并购后两个公司都必须对现状做出大的改变则另当别论），则整合的问题就少；相反，如果显然存在诸多水火不容的差异，例如一方是重视过程的管理团队，而另一方是重视结果的管理团队，那么就必须考虑相应的对策。诊断不单是凭空想象，而是要基于上述事实进行分析判断。

此外，如果收购对象是私募基金持有的公司，可能公开信息非常少。在这种情况下，调查该公司获得私募基金投资前的信息，也可能会有所帮助。

薪酬激励

一般来说，关于企业薪酬的公开信息很少。不过，在公司网站上可能会有一些对员工薪酬激励的描述。在尽职调查的资料中，对方有时也会提供人力资源制度手册。此外，通过收购对象提供给政府有关部门的材料分析，也能了解关于员工福利的一些内容。

如果打算在收购完成后进行组织整合，那么员工的薪酬激励就需要详细调查清楚。但是在买方尚未决定收购前，调查薪酬激励的细节尚早，买方可以提前对对方的付薪理念等内容进行了解。

即使不进行组织整合，在很多情况下，买方还是需要了解一下员工的相关情况。如果可能，我们建议了解目标公司的付薪激励理念——什么样的行为或员工会得到认可——是提高销售业绩的人、降低成本的人、创造利润的人、创新的人还是提高团队满足感的人等。如果双方付薪及激励理念有很大的不同，可以想象无论是管理团队还是普通员工的薪酬，整合起来都将格外费力。此外，在普通员工的薪酬水平方面，有的公司看重明星员工，根据考核结果，员工之间的薪酬可能有较大差异，而有的公司更重视团队协作，员工之间薪酬差距不大（许多中国企业，尤其是国有企业都属于此类）。这两类公司在整合时同样需要花费较多的精力。

劳动力

图 2-3 中所示的组织架构、生产效率、人员流动等内容是设计组织架构的基本要素。如果这些方面存在巨大差异，那么直接将双方整合将会有很大的挑战。因此，最好能事先了解并考虑对策。

举例来说，有些企业不擅长培养和留用人才，其人才的获取主要依赖于外部的招聘，另一类企业则倾向于招聘相对年轻的员工，进行内部培训晋升。所以这两类企业的内部情况是大相径庭的。

此外，即使在不进行组织整合的并购案中，如果收购方认为理想的组织与收购对象的现状存在巨大差异，那么买方或者将此作为并购后整合的风险予以重点关注，或者重新考虑是否进行收购。虽然可能做此结论有些早，但毫无疑问这是尽职调查需要考虑的一个重要方面。

绩效管理及敬业度

根据笔者的经验，看重工作过程和结果的企业，对员工的绩效管理通常执行得比较好。因此，在尽职调查的初期阶段，如果能够通过非入侵式的方式获得关于员工绩效评估方法、流程方面的信息，就能在很大程度上加强对收购对象的了解。

至于员工动力的来源，有时通过公司网站以及年度报告的内容也许会窥得一斑。

谈到员工的敬业度，这一点通常很难通过非入侵式方法了解，不过如果收购对象自行公开员工调研的结果，那么也可以从中看到一些端倪。此外，即使对方不公开员工的离职数据，也可以在网上（例如聊天室）查找离职员工的评论，通过对当地劳动力市场非常熟悉的专业人士的分析，一般可以判断出该公司是否存在令人忧虑的情况。

企业内部沟通

公司内部的沟通情况可能很少能够通过非入侵式方法了解。但是如果一个公司设有专门负责内部沟通的部门，并且由资深的人员负责，那么可以由此来推断企业内部沟通的运作应该还不错。

此外，如果公司网站上有相关的对外或对内较为专业的沟通内容，那么同样也能在一定程度上对其内部沟通情况做出判断。

企业文化

企业文化可以定义为企业成员之间高度共通的行为模式和思维模式。

企业是通过向顾客提供价值而生存的。企业的行为模式指在一个企业中，业务是如何开展的，其成员在做些什么。而思维模式指一个企业固有的判断前提或标准、价值观以及组织纪律。

如果所处的文化背景、国家、行业以及企业规模、成长历程等方面比较相似，那么通常行为模式和思维模式也都比较相近。

反之，在有些并购案中，从交易一开始就能察觉到并购双方企业文化存在差异。尤其是在收购海外企业的跨境并购中，企业的起源及成长历程可能很不一样，所以即便属于同一行业，模式上也可能有很大差异。

类似于“企业内部沟通”观点，企业文化方面的信息也很少能够通过非入侵式方法了解到。但是，关于企业的 MVV（使命、愿景和价值观）方面的信息通常都是公开的。这里面可能包含企业独特的追求，有时还附有具体解释的介绍文字，建议仔细阅读。

正式尽职调查之前能够在多大程度上判断并购后整合的难度

在完全不了解收购对象的情况下，整合契合度诊断最具实施价值。因为是非侵入式调查，所以并不一定就能顺利从上述六个视角判断某因素是促进交易还是阻碍交易。不过对于收购对象的企业现状以及并购后整合的挑战，还是可以预见一二。

此外很重要的一点是，通过具有丰富经验的专业人士来进行诊断，不需要花费过多的时间，就能够在交易的早期掌握并购后整合可能存在的挑战。

下面是我们在美国遇到的一个案例：

• 被收购企业是一个结构扁平化且自上而下集权式管理的组织，收购方则有明确的层级和工会，是劳资双方协商经营的企业。如果在整合时不加注意，双方对于决策的速度和生产效率等方面的认知存在差异，可能会增加被收购企业员工的离职风险。

• 相比之前，整合后被收购企业员工的培训机会可能会减少（或者员工会觉得有所减少）。另外，今后的招聘恐怕也会受到影响。

• 需要对双方的薪酬、福利的差距进行调整。所以要对潜在增加的成本进行详细的了解。

• 虽然双方企业都标榜公开的沟通，但收购方的劳资关系和沟通渠道更好更顺畅，向上传递员工意见的机制更为完善，这一点可能成为吸引被收购企业员工的有利因素。

• 被收购公司的管理团队对于现任 CEO 的忠诚度比较高。因此重要的是能够顺利保留 CEO，使其发挥出变革促进者的作用。

如上所述，若能通过非入侵式调查，在交易初期先做出初步的风险假设，那么随后进行尽职调查时，重点就更加明确了。

第三章　在高难度交易中顺利完成交割

本章要点

1. 因业务需求带来公司独立运营的问题

很多并购并不是收购整个企业，卖方可能是出售特定的业务单元或职能（业务转让、分拆式并购）。买方能否掌控好此类高难度的收购，关系到企业并购的成败，甚至影响到其自身竞争力。虽然针对公司独立运营有明确的处理方法，但在规划及执行方面，仍要求买方具备全球化、高水准的企业并购执行能力。

2. 处理公司独立运营问题的步骤

即便是对于涉及多国的业务分拆式并购这种难度最高的交易，我们的处理步骤也是先制订工作计划，然后进行监控。但是买方如果不了解各国的实际情况和市场惯例，就有可能连工作计划也无法制定。所以我们的目标是：不仅争取被收购对象的协助，有时还需争取卖方的协助，从组织和人力资源的角度来顺利完成交割。

3. 有效的员工沟通

无论是否存在公司独立运营的问题，收购方与被收购对象员工进行沟通，对减轻员工对收购的不安，以及设定员工对收购的期望，都有着重要作用。交割完成时的沟通尤其重要，它将为并购后的顺利运营打下坚实的基础。

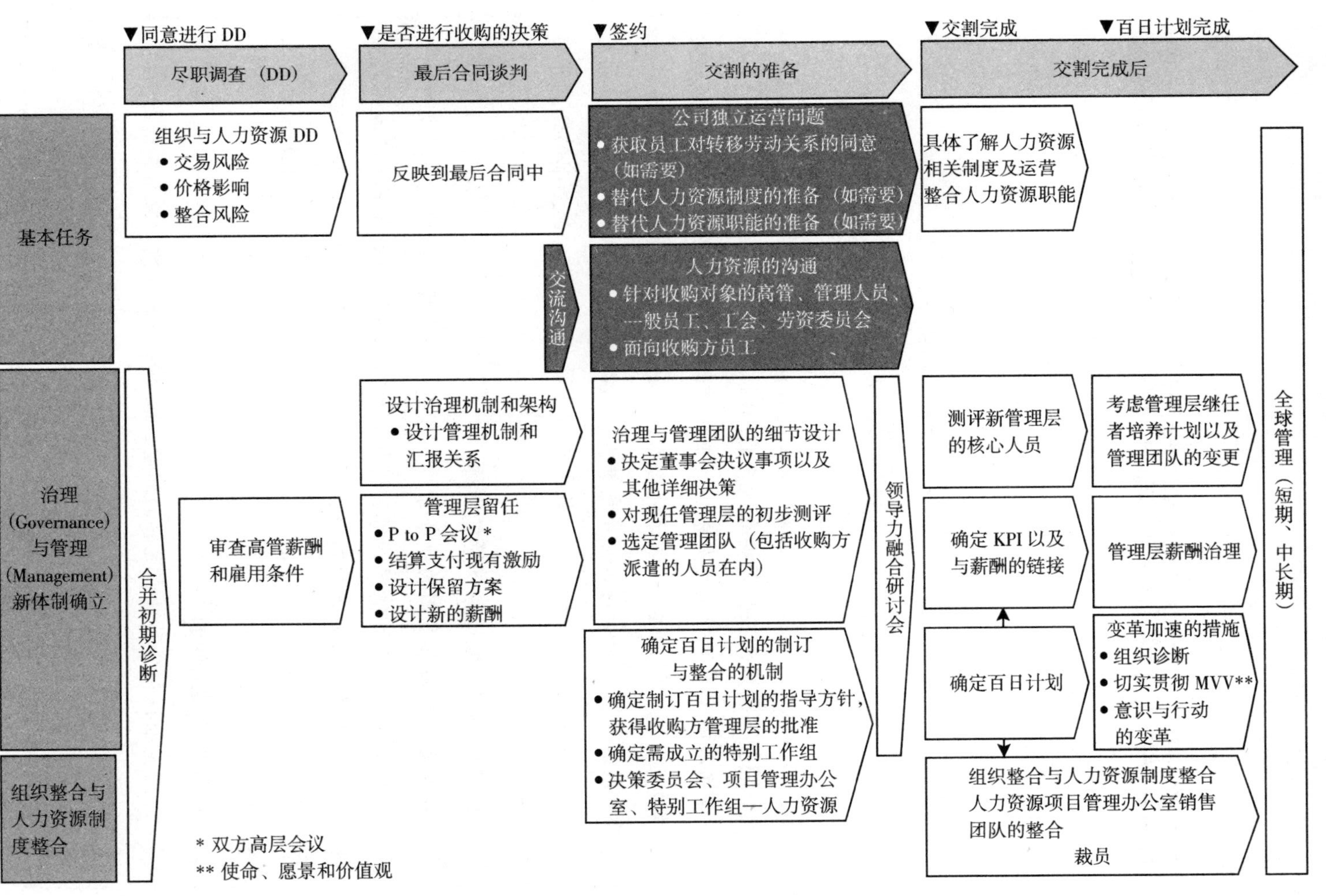
▼同意进行DD
▼是否进行收购的决策
▼签约
▼交割完成
▼百日计划完成
尽职调查（DD）
最后合同谈判
交割的准备
交割完成后
基本任务
治理（Governance）与管理（Management）新体制确立
组织整合与人力资源制度整合
组织与人力资源DD
• 交易风险
• 价格影响
• 整合风险
反映到最后合同中
公司独立运营问题
• 获取员工对转移劳动关系的同意（如需要）
• 替代人力资源制度的准备（如需要）
• 替代人力资源职能的准备（如需要）
具体了解人力资源相关制度及运营
整合人力资源职能
交流沟通
人力资源的沟通
• 针对收购对象的高管、管理人员、一般员工、工会、劳资委员会
• 面向收购方员工
全球管理（短期、中长期）
合并初期诊断
审查高管薪酬和雇用条件
设计治理机制和架构
• 设计管理机制和汇报关系
管理层留任
• P to P会议*
• 结算支付现有激励
• 设计保留方案
• 设计新的薪酬
治理与管理团队的细节设计
• 决定董事会决议事项以及其他详细决策
• 对现任管理层的初步测评
• 选定管理团队（包括收购方派遣的人员在内）
领导力融合研讨会
测评新管理层的核心人员
考虑管理层继任者培养计划以及管理团队的变更
确定KPI以及与薪酬的链接
管理层薪酬治理
确定百日计划的制订与整合的机制
• 确定制订百日计划的指导方针，获得收购方管理层的批准
• 确定需成立的特别工作组
• 决策委员会、项目管理办公室、特别工作组—人力资源
确定百日计划
变革加速的措施
• 组织诊断
• 切实贯彻MVV**
• 意识与行动的变革
组织整合与人力资源制度整合
人力资源项目管理办公室销售
团队的整合
裁员
* 双方高层会议
** 使命、愿景和价值观

1. 因业务需求带来公司独立运营的问题

在企业并购中，收购方要考虑是希望获得收购对象的全部，还是它的一部分特定业务或资产。前者称为企业整体收购，即通过购买股权收购整个企业；后者则包括业务转移、分拆及买方只收购分割出的部分特定业务或资产。

由于资产收购只是收购企业的一部分，无法将收购对象变成一个新的实体，因此在有限时间内完成对收购对象的接管有一定难度，需要做额外的工作将其从原母公司独立出来，或是将其并入买方中。从组织和人力资源的角度来说，针对收购对象的员工，需要完成一系列的工作，包括员工劳动关系的转移、人力资源服务的提供、健康保险等福利待遇（从原计划中）的分拆、重设和整合等。解决这些问题可能需要花费相当多的时间和精力。以上就是由于子公司从母公司独立出来运营（简称“公司独立运营”）而带来的组织与人力资源问题。

需要指出的是，即使不是资产收购，比如收购对象为某集团公司旗下的子公司（股权收购），在一些情况下，比如子公司的养老和健康保险等福利计划由集团公司统一提供，公司独立运营的问题同样会存在。

处理组织与人力资源中的公司独立运营问题往往要耗费大量的人力物力，如果没有事先考虑到可能的问题并做好准备，就会十分被动。

对于任何企业，专注投资其核心业务是基本的战略。因此，企业并购也要有助于核心业务的发展，应以弥补其业务组合及价值链中的薄弱环节为目标。至于被确定为非核心的业务，企业一般不愿意保留并继续投入资源，因此就要开始考虑是否将其出售。

所以，在任何一个时间，全球范围内总会有很多企业在考虑对哪些业务或职能保留或加强，对哪些进行重组或分拆。买卖双方都会按照自己的需要进行并购。

这里提及收购对象的“业务和职能”，可以是企业中的某个部门，也可以是大集团企业中的某个子公司。前者的交易形态为资产收购，后者则一般为股权收购。两者的共同点在于：都是从整体中剥离或分拆出了一部分。公司独立运营问题就是在把某些部分从整体中分拆出来时产生的问题，原则上这些问题必须在交割完成前解决。

图 3–1 分别是分拆收购（企业的某个部门）和整体收购集团下属子公司的两种类型，以及收购对象如何整合到买方组织中的模式。

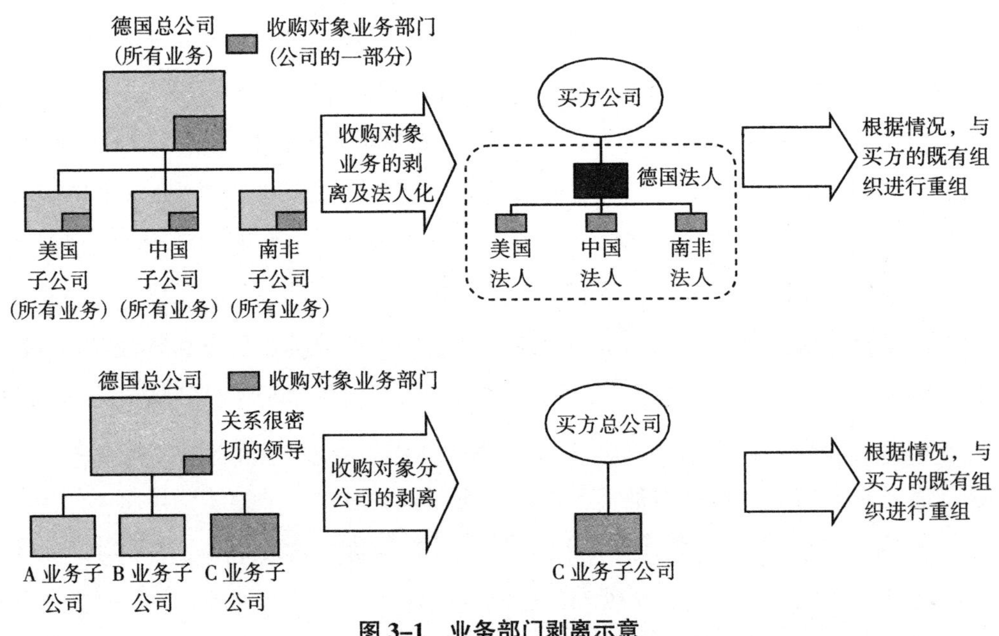

图 3–1　业务部门剥离示意

组织与人力资源中的公司独立运营问题具体指的是什么

第一，员工劳动关系的转移。进行公司整体（股权）收购时，股东会发生改变，但由于公司与员工间存在劳动合同，因此收购公司等于也收购了与该公司有雇用关系的员工。

但如果是业务分拆的情况，收购对象员工之前的劳动合同是和卖方签署，与母公司间存在雇用关系。因此，买方（或买方设立的新公司）必须向相关员工提出新的劳动关系转移的录用条件，在得到员工同意的前提下才能转移劳动关系。

在收购一个集团下的子公司时，由于受雇于子公司的员工与收购对象已经存在劳动合同，所以买方不需要提出新的劳动关系转移的录用条件。但在以下两种情况下，需要提出新的录用条件。一是收购对象中有从母公司或集团其他公司派遣过来的核心人员。买方如果不采取任何措施，该员工将回到与之签署劳动合同的实体。二是虽然收购对象中没有派遣人员，但在集团公司或区域总部中有相关人员专门为收购对象提供服务，所以买方也需与这些人员谈判，争取将这些人员转移至新公司。

第二，养老及健康保险等福利问题。在业务分拆的情况下，由于被收购的员工是与卖方签署劳动合同，养老和福利制度遵从卖方的规定，因此买方必须考虑采取相应的手段提供同等的养老和其他福利，并将这些作为劳动关系转移条件的一部分。具体的做法可以根据具体情况有所不同，下文中我们将有所提及。

收购集团下属整个子公司的情形也有可能要做同样的准备。从规模效益的角度来看，很多企业倾向于将养老及其他福利统一在一个计划下管理，集团旗下的各个子公司也都会纳入母公司的计划。如果是这种情况，就需要提前做一些准备。当然，如果养老和福利计划未纳入母公司计划，则不需做额外的工作。

第三，人力资源职能缺失的问题。这方面的有些问题可能从交割完成后第一天就开始出现，如工资的支付职能。如果收购对象的规模足够大，那么它可能有独立的人力资源职能部门。但有些情况下人力资源职能部门（例如工资发放）放在母公司，为全体员工服务，并不在并购对象的范围之内。所以若不事先进行准备，会出现工资无法按时支付的情况。

如果工资支付外包给第三方公司，由于服务合同是在母公司与第三方之间签署，因此买方需与第三方重新签订合同。需要注意的是，由于收购对象的规模（相比于母公司整体）变小，外包的成本可能会相应增加，而且对方也有可能不愿再续约。

此外，如果人力资源数据、人力资源信息系统、员工沟通、与员工相关的所有琐碎的支持职能等出现缺失，都会带来严重的后果。即使这些问题在交割完成后没有立刻显现，但若像高管、人才管理、劳资关系等职能不够健全，问题迟早会发生，而且后果会很严重。

图 3-2 是通常情况下公司层面人力资源职能和下属业务部门人力资源职能的职能分配示例。如果因企业并购导致部分职能缺失，我们就需要采取一些手段加以弥补。

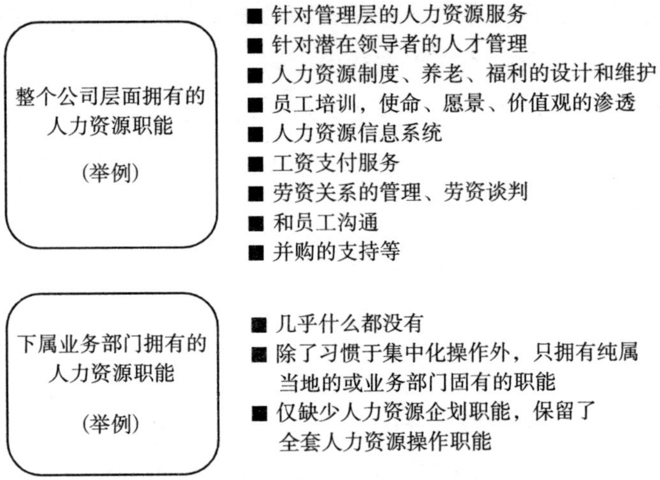

图 3–2　弥补因业务剥离丧失的人力资源职能

为何组织和人力资源中的公司独立运营会是问题

有些读者也许会认为笔者是不是有些小题大做——这些问题有那么严重吗?

一旦组织与人力资源中的公司独立运营问题没有处理好，它可能会严重影响交割的顺利完成。这又会引起连锁反应，进一步影响并购后的整合工作，严重的话会使企业无法实现预期的收益。因此，我们必须做好思想准备。

正如上一部分所述，公司独立运营问题的难点在于要谨慎处理很多与人相关的事项，而且又必须在交割完成前解决。单就员工福利这一项通常就有很多类，除之前提及的健康保险外，还有人寿保险和收入保障保险、员工贷款、住房补助、旅行意外保险、各种俱乐部会员资格等。此外，被收购企业往往在多个国家运营，所以工作内容仅因国家数量的增加就会成倍增加。这不仅是简单增加时间的问题，管理好整个项目本身就存在很大的挑战。

交易交割日的确定是根据交易整体的需求，包括对金融市场及业务状况、投资者关系、税务、监管等方面进行综合考虑后做出的，通常不会特别因为人力资源而改变时间表。所以负责人力资源的人员无法因为时间紧，而寄希望于交割日期会延迟。

另外，我们遇到的一些案例都有一个共同之处，就是人力资源专业人士没有尽早地将人力资源上的顾虑及时告知交易团队，使得买方决策者无法尽早意识到这些公司独立运营的问题。即使后来意识到了，也可能因为众多的其他问题，无法对这些问题进行充分的探讨及做出应对。

特别是如果在讨论一些非常技术性的交易问题时只有公司内部人员，没有专业人力资源顾问参与，就可能无法准确判断人力资源方面的挑战。有些企业在即将签约时才意识到问题比想象的严重，但已经来不及对购买合同进行大幅修改，变得十分被动。例如，被收购对象的业务横跨数十个国家，买方却被要求在“合同签署后四周内，必须向被收购对象员工提出劳动关系转移的录用条件”。

此外，如果收购是通过拍卖形式，或者在业务上的讨论和谈判相当复杂的情形下，有时即使认识到人力资源中的公司独立运营问题的复杂性，也可能为了不分散谈判的注意力，决定在购买协议基本达成的时候才就公司独立运营问题展开讨论。这是合乎情理的做法，但公司独立运营问题的着手解决就会晚于其他的工作。

除了一些小规模的收购案例相对简单外，根据我们的经验，一旦存在组织与人力资源等公司独立运营问题，由于工作的范围、复杂程度（横跨多国的并购交易尤其复杂）以及时间上的紧迫，公司内部的人力资源部门很难独自处理这些问题。即使在并购交易众多的美国，大部分企业也会认为这是个棘手问题，通常会依赖企业外部资源来协助解决。

有哪些处理组织与人力资源中公司独立运营问题的方法

为了方便起见，我们暂且将“员工的劳动关系转移”问题放置一边，先谈谈如何处理“养老及健康保险等福利问题”以及“人力资源职能缺失问题”。为了尽量确保并购后与并购前能保持基本的一致，可以考虑以下三种方法：①在交割完成前建立新体系；②征得卖方同意后买方在建立起新体系前沿用原有体系；③如果买方自身已有相关体系，可以将被收购对象纳入其中。

关于养老金和福利的处理，一般认为并入买方已有体系是一个一劳永逸的解决方案，所以最理想的就是买方本身就已经有相关体系。但有时即使体系存在，如果内容和水平差别太大，还是不能简单套用。

关于人力资源职能缺失问题的处理，最常见及高效的做法就是采用买家已有的人力资源职能，通过买方现有的职能提供一个共享服务平台。

另外，由于养老金影响较大，限制条件较多，所以我们应该根据各国国情，全面地进行慎重考量。

对于在交割完成前建立新体系，理想的情况是能做到量身定制。但从我们的经验来看，交割完成前往往无法完成新体系的建立，原因就是上节提到的准备时间可能太短、需要考虑的项目太多。选择福利的服务商，比如保险公司也不是很容易的事，如服务商的服务水准降低的话，还会招致员工的不满。

所以比较可能考虑的方法是让卖方同意买方在出台新制度前沿用原有体系。很多国家针对养老金的处理都允许在交割完成后有一定的宽限期。限于篇幅的关系，本书关于养老金的论述比较有限，笔者希望有其他机会就此进行详细说明。不过此方法本质上只是为了争取时间，我们还是需要在一定的期限内完成新体系的建立。

而且，要沿用卖方体系的话，我们必须与卖方就范围、费用、期限等方面展开谈判，然后将达成的条件汇总整理到过渡期服务协议中去。虽然这些工作可能需要很多时间，但由于在某些情况下这是唯一的选择，所以使用过渡期服务协议的情况并不少见。在某些案例中，卖方可能会提出非常离谱的费用要求，但是买家也不得不接受。

沿用卖方体系还有一种方法，就是在新体系完成前一段时间内，买方让收购对象的员工留在原企业，然后向卖方租用。这种方法在美国叫作员工租赁（Employee Leasing），其他国家大多称为员工派遣（Secondment）。这些方法都是可以考虑的选择。当然，具体使用时还要了解这些做法在被收购对象所在国家是否合法。

接下来，我们谈一下劳动关系的转移。如上文所述，劳动关系转移的录用条件中必须明确说明未来的养老金及福利事项。换言之，无论是方法①、方法②、方法③中的哪一种，能否明确养老金和福利，尤其是福利的提供方式，是能否及时确定劳动关系转移录用条件的关键。确定录用条件中的养老金和福利往往会影响整个劳动关系转移的进度。

当然，关于劳动关系转移中的录用条件还有一些其他需要关注的问题，其中最重要的是“是否提供与员工目前等同的雇用条件”。在人才争夺激烈的国家和行业中，如果不根据市场行情调整薪酬，就会出现人才流失的风险。当然钱只是一方面，同样重要的是还要辅以适当的沟通方式来处理劳动关系的转移。

另外，如果人员保留风险是针对一些特定的关键员工，常见的做法是提供保留奖金（在收购后的一段时间后发放），以起到激励员工及减少人员流失的作用。

2. 处理公司独立运营问题的步骤

并非在所有交易中都会出现组织与人力资源的公司独立运营问题，一旦出现，如果没有足够的机制加以应对，就很可能陷入束手无策的境地。收购方也许在整合的开始就会被问题困扰，无法顺利完成交割。

收购方需要对组织与人力资源上的公司独立运营问题有一些基本认识，并在此基础上充分利用顾问的经验、知识及其全球网络，有效地控制风险。

为了完成这项复杂且艰巨的任务，详细的工作计划表是十分必需的。首先要决定必要的步骤，其次明确各步骤间的关联性以及各步骤所需的时间，最后决定需要投入多少资源（人员等）；反之，如果能投入的资源是先决条件，那就必须由此推导出所需要的时间。

企业并购中的业务分拆和新公司的成立都必须在交割日前完成。如果项目的管理及流程环节出现问题，不仅会浪费资源，还会影响相关人员的士气。如果再发生其他意外，影响就更坏了。

以笔者经验，制定项目的工作计划有以下几个要素：

——完整列出每一步骤，以及其负责人和相关人员；

——明确各步骤具体内容及范围；

——安排好接下来 1 个月的工作，以日为单位，而不是以周或者半周等较大的时间段为单位来分配工作；

——如果一个步骤要 4~5 天，最好将其分解成更细的步骤，把每步的时间控制在 1~3 天。

另外，工作计划表中还需要加入“法务审查”、“买方内部审批”、“收购对象公司确认与批准”等必要步骤，并分配好各自所需的时间。要完成这项复杂艰巨的任务，各方的配合必不可少。虽然工作以买方的人力资源部门和顾问为主，但出于现状把握及和员工沟通等方面的考虑，卖方及收购对象人力资源部门的协助也必不可少。此外，在员工问题处理上，还需要法律顾问的参与。

根据交易的性质不同，有时会要求在多个分支机构（多个国家），就上述提及的业务分拆和新公司的建立，分别做好准备，进行无缝的衔接（如图 3-3 所示）。

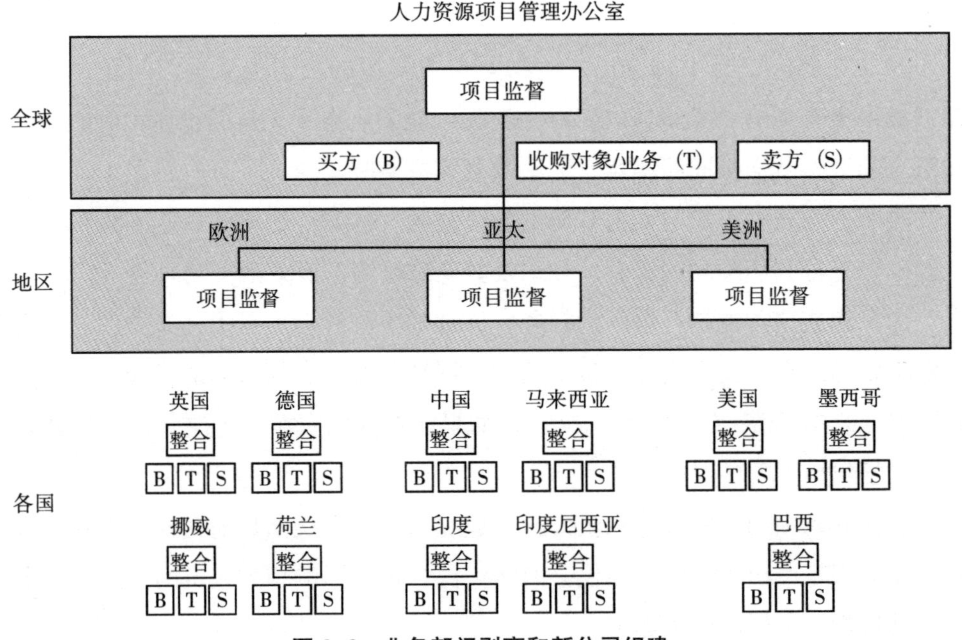

图 3-3　业务部门剥离和新公司组建

另外我们还要意识到一个很现实的问题，即执行计划的人员虽然被委派负责并购工作，但可能由于其他的工作而无法全心专注的情况也时有发生。毕竟他们大多有日常的工作需要处理，又被要求参与到并购团队中，所以可能同时有几份工作。我们需要向他们强调工作的重点，以帮助他们确定工作的优先顺序。

最后要指出的是，在大多数情况下，这些人员需要非常具体的指导，否则工作将很难顺利开展。因此，企业还是需要灵活运用一些经验丰富的外部资源。

组织与人力资源中的公司独立运营问题：处理步骤

这里我们主要以资产收购中的业务分拆，且将分拆的业务放入新公司的情形为例，就如何解决公司独立运营问题，以及解决步骤进行说明（如图 3-4 所示）。这个过程从签约到交割完成，至少需要几个月的时间。

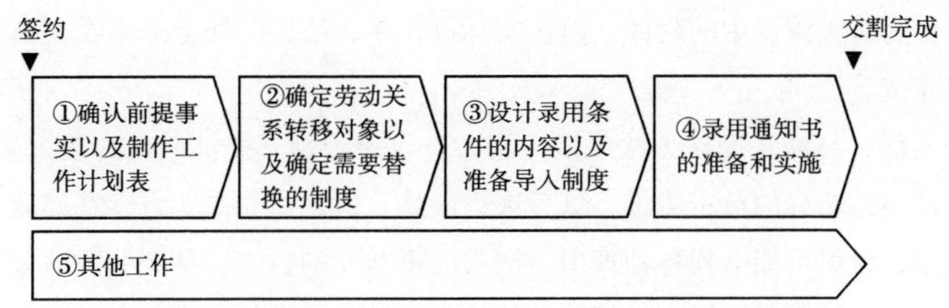

图 3–4 组织和人力资源中公司独立运营问题的处理步骤

由于大多数养老金问题在制度、运营、各国相关法律条文上均比较复杂，很难进行一般化论述，因此本书不涉及此内容。因其在财务上的影响也很大，所以我们建议如果遇到此类问题，可以寻求相关专家的意见。

确认前提以及制定工作计划表

“确认前提”是指从组织与人力资源的角度对收购合同中明确规定的收购对象及计划再次进行确认。具体来说，就是确认各国、各分支机构员工的劳动关系及其福利计划如何转移。

一般各个国家都有各自的规定和限制，特别是在有工会或劳资委员会的地区（欧洲）尤其要注意，可能需要让工会等参与其中，按既定程序进行。

例如，有些案例需要获得每个被收购企业员工同意才能转移劳动关系；有些案例是根据法律规定，在收到卖家即母公司的通知后自动将劳动合同转至新公司。一般来说，这种自动继承的情况原则上雇用条件不能更改。在与员工个人谈判并征求其同意的情况下，劳动条件可以根据双方协商进行更改（不过，如果购买协议中已经承诺给予同等雇用条件，就很难随意修改）。

接下来，我们要在以上归类的基础上制定工作计划表。如果收购对象业务横跨多个国家，就需要准备两类计划，一类是全球整体计划，另一类是根据不同国家和分支机构制作的区域计划。需要注意的是，即使是在同一个国家，由于分支机构不同，劳动关系转移的模式也可能不同。即使在同一机构内，由于员工目前的雇用关系未必相同，加上新的雇用关系也未必需要一致，所以我们要清楚地了解现状并相应决定未来的处理方式。

确定劳动关系转移对象以及确定需要替换的制度

关于劳动关系转移的对象，最理想的状态是在签约前确定全部人员，并将人员清单作为购买协议中的附件。但在实际操作中，往往时间上来不及，就只能在交割前完成。

一方面，具体从操作方法来说，买方可以要求卖方提供最新的组织架构图，以及劳动关系转移的员工清单，然后进行确认。但是，如果卖方存在经营状况不善等问题，就很可能会找各种理由，把自己不需要的员工转移到收购对象的业务中去。在这种情况下，买方就不能只关注员工姓名、职位、级别和薪资水平，还需了解员工何时加入该部门、从事什么工作、最近几个月内的考勤等内容。

另一方面，买方也必须确认自己认为重要的关键员工，以及处在重要职位的员工是否在劳动关系转移对象的范围内。如果没有，买方要向卖方了解理由。如果是由于离职等，就需要让卖方安排替代人选。

另外，为了能应对交割前的各种挑战，如果对方有人力资源的相关人员对收购业务的整体或分支机构的情况非常了解，最好能让他们协助买方的工作。如果这些人也需要转移其劳动关系，通常都会积极主动地给予协助；但如果不是，就只能通过与卖方沟通来正式提出协助请求。买方最好在收购合同中提及，事先要求其提供这些协助。

接下来，就是确定福利等必须更换的制度。在业务分拆的情形下，各项制度都归卖方的母公司所有，所以基本上所有制度都需要更换。如果收购的是整个子公司，就需要先将属于母公司和收购对象子公司的制度加以区分，然后为前者准备替代制度。

进行现状调查时，如果我们从卖方母公司的人力资源部就能掌握所有分支机构的具体情况，是最理想的情况，但实际上往往对于不少内容都需要到现场确认。因为国家不同，很可能会有一些特定的制度，制度的内容和水准也可能不尽相同。如果收购对象业务本身就是几次并购的产物，也可能存在不同制度没有得到完全整合的历史遗留问题。所以，第一步就是准确了解现状。

对于需要更换的制度，还需对服务提供商（如保险公司等）、制度制定步骤和所需时间、制度运营成本等问题进行具体研讨。

如果在交割完成前很难建立替代制度，为了不让员工经历制度空白期，我们需要考虑是否签订过渡期服务协议等，签订时还需要对过渡期服务协议的期限做预估。

另外，对于需要转移劳动关系的员工来说，公司被收购后，原母公司或集团公司实施的激励计划也无法继续适用于他们，所以我们需要研究如何终结现有制度以及考虑新的替代制度。

设计录用条件的内容以及准备导入制度

为了确保员工转移至新公司，我们需要给出让员工可以接受的劳动关系转移条件。虽然大部分案例中新的录用条件都只是维持现状，或只对一部分进行修改、总体仍与原来保持一致，但正如前文提到的那样，在人才争夺激烈的现状下，有些时候也会提供一些比之前优越的待遇条件。

即使买方决定维持现状或保持同等条件不变，在做决定前还是需要针对当地市场进行基准分析。因为如果给出的录用条件超出市场水平很多，人员成本会对公司盈利造成压力；反之，如果低于市场水平太多，就可能造成人才流失或难以招聘到新的员工。了解市场的定位，不仅可以帮助确定劳动关系转移的条件，也可以让买家心里有数，为未来进行进一步的整合打下良好的基础。

录用通知书或雇用合同中需要包括薪资项目（基本工资、奖金等）、薪资水平和各种福利概要。

录用通知书的准备和实施

针对劳动关系的转移，除需准备员工个人的录用通知书或劳动合同外，还需要为负责具体沟通的经理准备沟通指南以及常见问题解答、整体时间表（明确在何时由谁负责和谁谈话）、员工接受的进度表等。此外，如果有工会或劳资委员会，就需要根据规定程序向他们提出协助请求。

确定并按计划实施以下步骤十分关键，如在何时、由谁负责准备每一位员工的录用通知书或劳动合同、由谁负责检查确认等。因为有时常常到最后一刻仍需要进行细小的修改，所以在整个过程中千万不能掉以轻心。此外，工作量和实施的机制（参与人员的数量、能力等）是否匹配也非常重要。

录用通知书准备完成后，就开始与员工进行全面的沟通，包括员工大会或提供面向员工的网页等，然后在各个部门进行员工个别沟通。

针对各个部门负责录用条件沟通的经理，首先要给他们提供其录用条件，其次为他们与下属员工的沟通进行说明或培训。为了应对部门经理可能无法回答所有问题的情况，最好设置一个负责解决、回答员工问题的团队以及热线电话，以便及时地响应员工提出的问题。

设计沟通问题时要注意几点：首先注意参照各国当地的标准；其次需要确认该公司以前是否发生过类似情况，如果有的话当时是如何处理的、处理是否有效、过程中出现了什么问题等。

我们还可能需要对录用通知书发出后员工的接收情况进行非常细致的管理。如果进度太慢，必须立即查明原因，谋求对策。查明原因最快的方法是去现场，直接与员工进行沟通。

其他工作

首先，要让人力资源部门发挥作用，这就需要定义其职责和职能，设计组织结构，并相应地配备人员。其次，针对非常紧急且工作量大的任务，我们可以导入人力资源相关的 IT 系统，进行数据移交管理。而工资支付等职能，有些可以公司自行管理，有些可以通过外包来完成。

从建立人力资源的基础设施的层面来说，有时还需要根据劳动关系转移录用条件的内容，准备新的人力资源相关政策、员工手册等。

在把收购对象放入新公司的情况下，可能还需要各分支机构向当地政府部门就相关的劳动制度、社会保险等福利进行报备或提交申请。

3. 有效的员工沟通

并购价值的创造是通过选择正确的收购对象、决定恰当的收购价格、在收购后进行恰当的整合来实现的。收购对象及其员工在交易宣布（签约）时，即整合开始时成为并购交易的相关方，在并购交易的价值创造中扮演着重要的角色。为了能给员工指明接下来的方向，积极地参与到各项整合活动中来，与员工的沟通也成为非常重要的课题。

沟通不仅要注重内容和时机，语气和方式也很重要。另外，为了确保这项任务顺利实施并取得良好的效果，项目管理就变得非常重要，常常需要安排专人来负责。

并购交易的实施通常都是在非常机密的情况下进行的。卖方的决策者会了解交易的情况，但是被收购方，即使是高层管理者，也未必从一开始就知道，更不用说普通管理层和一般员工。他们大多在交易达成并宣布前对其全然不知。

对于员工来说，自己就职的企业被收购无疑是一个重大事件，所以如果不能及时了解员工的想法并进行沟通，很可能招致员工的极度不满。

赋予员工力量是并购交易得以成功必不可少的因素。为了安抚员工的焦虑情绪，并进一步设定他们的期望值，需要与他们进行沟通。尤其是在并购交易的几个关键节点，即交易公布（签约）时及交割完成时必须与员工进行充分沟通。另外还需要进行后续的跟踪。

在并购交易中，随着进程发展，各阶段具体应传达的事项和沟通对象会随之改变并增加。所以，并购交易的沟通一方面可以增加传达内容的具体性，另一方面需要努力实现“减轻焦虑”及“管理期望”的目标。

反之，对于尚不能向员工公开的事项，原则上应向员工告知大概何时可以宣布并让其耐心等待，这也是“减轻焦虑”及“管理期望”的一种手段。在此要强调的是，对于一些尚未有定论的内容，切记不要事先做任何主观臆测，否则将会变得十分被动，即使事后进行弥补也可能无济于事。

交易宣布（签约）时与员工的沟通

在签约时，公司与员工间沟通最大的特征是双方之间的信息不对称。对员工来说，这时接收到的信息冲击力很大，但是此时公司并没什么具体的内容可以传达。所以在签约时，公司会尽量选择简捷的方式，陈述基本事实。沟通大多采取新闻公告的形式。

即便如此，沟通的重点还是要告知员工这次并购的目的，尽量触及交易的主旨。对于“何时能完成交割”、“届时预计将公布什么内容”等存在不确定性的方面，如果不太会让员工“产生期待”，又可缓解其焦虑的话，适当地涉及也未尝不可。

签约时和员工的沟通发生在并购完成前，所以按理是由卖方/收购对象来负责。但作为买方，为了避免卖方的措辞与买方的想法不同、造成双方意见分歧、导致员工误解等，所以有必要就沟通内容和沟通方式等一系列事情事先与卖方/

收购对象进行确认。

与劳资委员会的沟通

在欧洲，有些情况下公司有义务在并购交易公布前，通知劳资委员会（Works Council）或员工代表，并与之达成协议。这发生在并购完成前，所以与劳资委员会等的沟通自然应该由卖方/收购对象来完成。但如果希望交易能顺利进行，不希望在这个环节发生状况，造成交易过程中的瓶颈，买方也需要特别关注。

关于沟通时机问题，考虑到信息泄露的风险，最佳沟通时机是临近签约前，但也需要确认各国最新的规定。由于要给予对方充分的考虑时间，所以有必要认真考虑每笔交易需要在何时、以何种方式通知劳资委员会。

此外，关于卖方/收购对象应该向劳资委员会等沟通的具体内容，也需要事先确认各国的最新要求，例如就实施该并购的业务目的、对员工产生的负面影响、减轻负面影响的方法等内容向劳资委员会等进行传达和商议。为了让交易顺利进行，买方应该向卖方/收购对象提供必要的信息并给予协助。

顺便提一下，买方与收购对象的劳资委员会一般在交割完成后碰面。在劳资关系非常好并且条件允许的情况下，劳资委员会的代表和买方也有可能在交割完成前进行非正式会晤，但这种情况很少发生。

交割完成（第一日）时的员工沟通

与签约时几乎没有什么具体内容可以向员工沟通的情况不同，交割完成时的沟通内容很多，沟通方法也多种多样。因此，与员工沟通的计划和实施需要花费很多的精力。我们需要尽早了解收购对象内部沟通的能力，特别是针对企业并购的相关经验，然后确定额外需要的资源。

交割的顺利完成，意味着股东正式的改变，收购对象进入一个新的阶段。这就是将交割完成日称为“第一日”的原因。在交割后，就要进一步更具体地来进行“减轻焦虑”及“管理期望”的工作（如图 3-5 所示）。

员工沟通的模式有时也许通过简单亲切的方式即可，但有时考虑到收购的规模和收购对象员工的期望值等因素，则需要运用专业的工具和宣讲材料，给员工

减轻焦虑	管理期望
■ 提出对于员工而言的重要问题 √ 对于雇用、待遇下滑的焦虑 √ 对于客户的询问不知如何回答而感到不安 √ 对于新工作的方式方法、福利、上司以及其他将如何变化而感到不安 ……	■ 指明今后方针，校准员工期待的方向 √ 并购的关键所在、交易逻辑、大致目标 √ 方法和时间计划 √ 领导体制 √ 近期活动和行动 √ 通过说明会和培训等为员工提供支持 ……

图 3–5 并购中和员工沟通的目的

留下良好的印象。

如果存在公司独立运营的问题，在转移劳动关系时，其实已经就新的待遇和员工进行了一些详细的沟通。即便如此，交割完成日（第一日）依然是个重要节点，有必要再次与员工进行认真沟通。

交割完成时经常使用的员工沟通方法有很多，如员工大会（对话会）、制作欢迎册（说明资料）、公司内部网站设置特别网页等。

员工大会（对话会）

员工大会大多以收购对象的高管发言为主，买方的关键领导也会出席。召开方式根据收购对象的规模和能提供的会场设施而定，有全体员工齐聚一堂召开大会的情况，也有因条件限制，全球分支机构通过电话会议方式进行的情况。对于重视面对面交流的企业，管理者可以考虑在主要国家分支机构进行巡回路演。当然也有以上不同手段并用的情况。

沟通的目的就是让员工对并购交易有认同感。通过向员工传达尽可能详细及正面的信息，例如“这是一项非常明智的并购”、“公司今后会有良好的发展，员工也会受益”、“大家齐心协力一起努力”等，能让员工欣然接受并购。

为此，沟通首先要提到买方是什么样的企业，基于何种目的实施了本次并购，卖方及收购对象的管理层出于何种考虑同意并购等内容。

其次，对今后的管理体系、从买方派遣过来的人员、短期和中期的目标及重点着手事项、短期内计划的活动和行动等进行说明。

此外，为了加强沟通效果，事先还需确定各种会议的细节，如收购对象与买方谁来发言，通过什么样的顺序，谁负责哪方面的内容，是否需要安排好双方代表接受现场提问等。

特别重要的一项是计划收购后的短期重要活动，即“百日计划”。该计划告知员工公司将要进行的各项活动/变革、目的、日程/里程碑、相关的负责人等，以便获得员工的支持。

员工对并购有不安也有期待。与其让员工蒙在鼓里，不如告诉他们具体的目标和计划，提高他们的认同感，增强他们的干劲，这就是整合所要达成的目标。

对于一直满怀期待的员工来说，他们希望了解在百日（3个月）内的一些大致计划。如果无法实现，员工就会感到失望。公司需要向员工说明以交割完成后100天为期限，公司将采取的行动。接下来的关键是到交割完成日为止做好百日计划的准备工作，使其在交割完成后能立即启动。

制作常见问题解答

面对面形式的员工大会一般都会包括员工问答。除此之外，还会在员工大会的基础上进一步开展对话沟通。为此公司应准备好常见问题解答，对预期的问题进行统一作答。

在跨境并购案的情况下，提出的问题可能是在中国国内并购考虑不到的，因此需要事先预见到一些较难回答的问题，将它们也编入常见问题解答中。如果真的存在一些难以回答的问题，可以如实地说“（目前）难以回答”。

例如，从目前笔者手中的一个跨境并购案中的常见问题解答来看，员工可能有以下问题：

- 买方为什么要收购我们？
- 我们为什么同意出售？
- 买方截至目前进行过哪些收购？这些收购是否都进展顺利？
- 从买方派遣过来的人员的职责是什么？
- 我们公司的名称是否会更改？
- 接下来会裁员吗？
- 其他企业就出现过事先说好不裁员但最终还是裁员的例子。如何确保未来不会发生类似的情形？
- 并购可以给我所在的部门带来什么好处？
- 接下来公司会以何种方式来发展，会带给我们何种期待？

- 对我今后的职业生涯而言，这次并购会带来怎样的发展空间？

此外，关于个人的待遇，往往是员工非常关心的问题。

- 接下来会改变我本年度的业绩目标吗？我本年度的奖金是怎么决定的？
- 我的工作内容会有变化吗？
- 我的上司会有变动吗？
- 健康保险会有什么改变？
- 如果接下来我被解雇，会有什么样的补偿？解雇会提前多长时间告知？
- 非全日制员工也是以同样标准加以补偿吗？

收购海外企业时，实际上这些问题可能都会出现。如果被提问时，我们还不确定答案，那就最好等到确定后再给予回答。另外我们需要充分预留出时间，确保针对不同问题的回答以及常见问题解答的制作。

制作欢迎册（说明资料）

一般收购对象公司的管理层都会在员工大会前向每一位员工发送信件或邮件，主要包括“欢迎来到新公司”之类的内容，并且展望一下未来。虽然员工大会讲的也是这些内容，但事先向每个人发送文字消息的效果绝不能低估。

由买方高层向员工发送信函的情况也很多。如果觉得买方高层直接发送邮件有些突兀，也可以将邮件以附件的形式由收购对象公司高层发送。此外，由买方和收购对象高层双方以联名方式发送信函或邮件，也可以收到良好的效果。

另外，对于收购经验很丰富的买方来说，虽然表面上只是欢迎材料，但它可以作为系统传达公司想法很好的载体。具体内容包括关于买方公司的基本介绍、企业价值观和行为准则、薪酬与绩效考核、培训以及未来一段时间举办的活动等。

收购对象员工会很关心买方是一个什么样的企业，所以买方应该进行精心的准备，给员工留下深刻印象。一个好的做法是在内部网站上特设一个欢迎员工的页面。虽然涵盖的内容可能相似，但网页的操作性和视觉效果都会更胜一筹，更便于员工理解，留下良好的印象。

另外，由于信息被系统化，更方便存储和引用。如同网上课程一样，可以随时监控谁在何时读到了哪些内容，使用起来非常方便。

第四章　有效留用管理层

本章要点

1. 跨境并购中留用管理层的重要性

与国内并购相比，在跨境并购案中，留用管理层尤为重要。这不仅仅是因为管理层离职会严重影响并购战略目标和协同效益的实现，还因为在跨境并购过程中由于文化和语言的差异，许多诱发管理层离职的因素表现得更为显著。在交易期间，信息的流通和透明度受限，因此对于管理层能力的考量和职业追求的把握更有难度，成功保留管理层必须有周密的准备和切实的行动。

2. 财务性保留策略

向现任管理层提议的薪酬方案不仅要对当事人而言富有吸引力，还必须能够向收购方的利益相关者做出交代。此外，还要充分考虑市场行情，才有可能提出能够留住目标人选的有效薪酬方案。

3. 获取现有管理层的认同

管理层的能力虽然很重要，但他们与收购方的融合和默契程度更重要。比如，“管理层是否拥有共同的事业愿景”、“文化是否相似”等涉及双方契合度的考量也非常关键。所谓“Buy-in”，是让现任管理层与收购方思路接轨的一系列举措。在薪酬问题敲定前后，需要让被收购方的“一把手”与收购方的主要决策者坦诚相见，促进双方的彼此认同。

4. 更换被留用的 CEO

无论多么优秀的管理层也有力不从心的时候，此外，可能有因收购方对原管理层的能力判断失误而错误地将其留用下来的情况出现，所以留用和更换 CEO 可谓车之两轮，必须适时兼顾。虽然更换 CEO 需要支付相应的管理成本，但如果必须更换却迟迟不决，那将付出更大的代价。

5. 收购期间更换 CEO

尽管留用管理层很重要，但跨境并购中，有时又不得不在实施收购时更换被收购方的 CEO。这时，就要设计好与 CEO 和其他管理层的留用谈判的先后顺序，然后在确定 CEO 离职对收购后的业务不会造成负面影响的前提下，再细致谨慎地提出让其离职的条件，通过有效沟通，尽量减弱 CEO 离职对业务可能产生的负面影响。

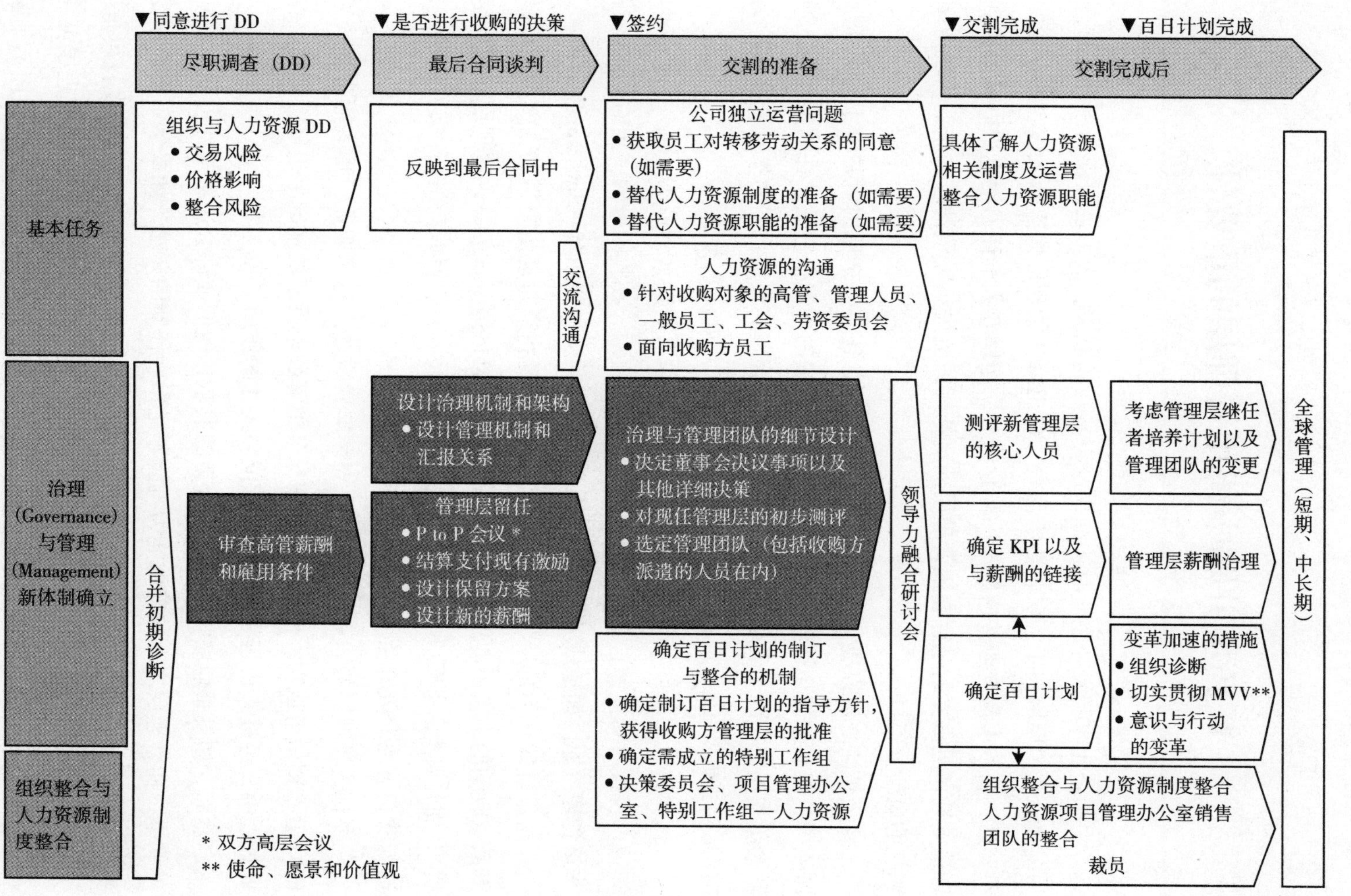
▼同意进行DD
▼是否进行收购的决策
▼签约
▼交割完成
▼百日计划完成
尽职调查（DD）
最后合同谈判
交割的准备
交割完成后
基本任务
组织与人力资源DD
●交易风险
●价格影响
●整合风险
反映到最后合同中
公司独立运营问题
●获取员工对转移劳动关系的同意（如需要）
●替代人力资源制度的准备（如需要）
●替代人力资源职能的准备（如需要）
具体了解人力资源相关制度及运营
整合人力资源职能
交流沟通
人力资源的沟通
●针对收购对象的高管、管理人员、一般员工、工会、劳资委员会
●面向收购方员工
治理（Governance）与管理（Management）新体制确立
合并初期诊断
审查高管薪酬和雇用条件
设计治理机制和架构
●设计管理机制和汇报关系
管理层留任
●P to P会议*
●结算支付现有激励
●设计保留方案
●设计新的薪酬
治理与管理团队的细节设计
●决定董事会决议事项以及其他详细决策
●对现任管理层的初步测评
●选定管理团队（包括收购方派遣的人员在内）
确定百日计划的制订与整合的机制
●确定制订百日计划的指导方针，获得收购方管理层的批准
●确定需成立的特别工作组
●决策委员会、项目管理办公室、特别工作组—人力资源
领导力融合研讨会
测评新管理层的核心人员
考虑管理层继任者培养计划以及管理团队的变更
确定KPI以及与薪酬的链接
管理层薪酬治理
确定百日计划
变革加速的措施
●组织诊断
●切实贯彻MVV**
●意识与行动的变革
组织整合与人力资源制度整合
组织整合与人力资源制度整合
人力资源项目管理办公室销售团队的整合
裁员
全球管理（短期、中长期）
* 双方高层会议
** 使命、愿景和价值观

1. 跨境并购中留用管理层的重要性

中国企业收购海外企业时，如果没有特殊的原因，大多都以保留现任管理层为前提。主要原因在于：对收购方而言，派出继任管理层快速融入被收购企业并不容易；目前中国企业普遍缺乏国际化人才，招聘新人继任通常也难以马上找到合适人选；更重要的是存在因管理层的更换（或流失）导致被收购企业出现业绩恶化的风险。

留人策略之所以成为跨国收购的一大问题，还有一个原因就是由于国家和地区不同，在企业处于被收购状态下，现任管理层的离职很常见。在欧美等地，通常会事先决定在股东发生变动时，将如何处理管理层雇用合同的事宜，这被称为“控制权变更”（Change in Control，或 Change of Control）条款。

控制权变更条款有时会规定管理层可以将股票期权（Stock Option）的归属时间或可行权时间提前；有时会规定一旦企业被收购，在收购后的一定时间内，若非该管理层原因而造成其离职，那么企业应向其支付离职金（Severance）。

这里说的并不是反收购的一项策略，即不是指通过规定附带的高额费用以抵御敌意收购的举措［即所谓“金色降落伞”（Golden Parachute），管理层离职补偿费］，而是具有保护管理层免受股东变动影响的性质。为何存在这种保护性规定？这与欧美等地形成的经理人市场有关。

要打造管理层的职业生涯，成果业绩非常重要。对于职业经理人而言，成为 CEO 就希望做得成功，他们通常是在充分了解股东诉求的基础上出任管理层。在此过程中，经理人市场发挥了匹配职位和人才的作用。

然而，如果企业被收购，进入全新的股东，他们或许会追求与此前截然不同的结果，而管理层之前培养的能力可能不足以胜任新的要求。如果拿不出股东要求的业绩，那么管理层不仅会被解雇，其作为经理人的职业生涯也会岌岌可危。为了减少这种单方面的风险，就出现了控制权变更条款。另外，由于管理层可能由于并购失去工作，如果不为他们做此安排，他们很可能从自己的利益而不是股东利益最大化的角度出发，对并购一事不予配合。所以作为董事会、股东同意为管理层提供控制权变更条款也是着眼于股东利益最大化。

企业并购过程中，有些现任管理层因并购交易的成功而获得了高额经济收益。有的现任 CEO 拿到了几千万元，甚至更多的现金。所以对现任 CEO 趁并购的时机辞职就不会感到意外了。从留用现任管理层的角度来看，这是一个非常不利的因素。

需要注意现任管理层通常不会很早向收购方提出辞职，这是因为控制权变更条款在收购交易正式达成、股东变更之后才开始生效。如果管理层有离开的打算，那么在交割完成（Closing）之前，他没有必要谈及可能让收购方感到不安的事项。如果收购方掉以轻心，在现任管理层交割完成后突然提出辞职，就可能措手不及。

此外还存在其他的可能性——猎头趁并购之机用优厚条件来挖人；管理层本人对收购后的体系或待遇不满；收购方迟迟不谈收购后的薪酬和待遇问题，导致管理层不安和焦躁；管理层由于没有财务上的后顾之忧，想退休以有更多的时间陪伴家人；等等。

综上所述，在收购情形下，现任管理层在任何时间辞职都不会很意外，是很常见的。因此，如何尽早了解现任管理层的真实想法、以何种条件保留管理层，是收购成功的关键问题。

人才留用考虑的方面

比较常见的保留策略是以留任时间为前提的保留奖金——如果留任至约定期限，企业就会支付一定额度的奖金。其核心就是设计“对于一定规模的企业，希望用多少钱、对哪些岗位的人才留用多久”。

当然，保留奖金需要和新管理层的整体薪酬体系（包括基本工资、短期激励、长期激励）一起来全盘考虑、设计并谈判。此外，非财务性保留方式、新股东对未来的规划，以及进行有效的沟通来获取对方的承诺也很重要。

正如管理层的薪酬水平有市场行情可以参照，保留奖金也有其市场水平。具体金额要根据多种因素（职位的重要性、可替代性、所处的行业、交易的规模等）来决定。

接下来要考虑“留用多久”、“如何进行工作交接”等问题。这需要清楚了解每个管理者的留任意愿、自身能力和未来潜力。

另外，如果现任管理层留任时间过长，有可能难以实施必要的人事洗牌。尤其是企业如要在收购后实施新的发展战略，换上更具潜力的人才是今后业务发展的关键，这需要在一开始就考虑好现任管理层留任到何时。

管理层决定留任后，企业还要持续留意他们是否真的服从母公司的决定、是否踏实地工作。这是企业治理上的问题，也是如何对管理层给予激励的问题。

总而言之，成功保留住人才本身不是最终目的，还需要这些人才真正地发挥其作用。

对管理层保留需要进行的评估

在设计有效的人才保留策略时，需要考虑以下四个方面：

（1）管理者的流失风险。

（2）管理者的重要性。

（3）管理者的可替代性——如果离职，能否找到替代者、需要多久。

1）内部提升；

2）外部招聘；

3）从收购方集团内部调遣。

（4）在今后的发展战略中，管理层可能做出多大的贡献。

当然，在哪个时间点能够获取必要信息是一大问题。

具体来说，在签约之前需要明确留用对象，建议保留策略，确认是否有意留任。不过很多时候，在签约的时候收购方无法安排专家对管理层的能力与潜力展开评估。而且实际上除了少数高管外，可能连会面都不可能，更不用说展开正式的人才测评了。因此，在早期可能无论如何都无法把握（3）和（4）的信息，而且如果不加注意，甚至连（1）和（2）的信息都无法掌握。

在谈判进行时，我们能做的十分有限，这是无法改变的。因此重要的是考虑在力所能及的范围内能做些什么，以及当限制解除后（例如交割完成后）能够立即开展的工作。

判断管理者的流失风险

首先，审阅并确认雇用合同以及雇用条款，估算管理层根据控制权变更条款将获得多少现金，再基于适当的市场数据制定出新的薪酬方案和保留方案。其次，为了了解和掌握管理层的真实想法，收购方可以考虑自己不出面，而是委托熟悉当地管理层就业与薪酬状况的第三方专家去与管理层谈判，确认其留任意向和提出的相关条件。

访谈时绝不能仅谈薪酬，而是应该认真了解对方的职业规划与愿景、是否接受被收购后新的职责和汇报关系、是否能够保持积极的心态并投入工作等。

能够引导对方在多大程度上分享自己的真实想法，取决于访谈者的沟通能力和技巧。若能获得管理层的信赖，让他们认为通过第三方既能把自己的想法传递给收购方，又不会有任何的尴尬、引起收购方的不满，他们就可能对访谈者敞开心扉、无话不谈。并购后如果股东和管理层之间出现矛盾无法直接沟通，也可以采用这种第三方的沟通方式。

判断每个管理者的重要性

同样，这可以在很大程度上通过访谈去进行了解，如在与现任 CEO 访谈时，询问被收购后对组建新管理团队和开展运营的想法。从中我们还可以掌握 CEO 对各个管理团队成员的评价。在 CEO 留任的情况下（这是最常见的情形），收购方通常首先会把 CEO 当作收购后最重要的人才进行保留。

另外就是通过与每个管理者访谈，详细了解每个人的业务素养和工作思路，由此可在相当大程度上看出他对组织的贡献度。有时候，现有组织结构存在的一些问题也会随之浮现。

通过多方访谈、收集关于管理者的信息，就可能对因其辞职而可能出现的挑战做出评估和判断。

在“判断管理者的流失风险”中的访谈由于涉及个人收入等敏感信息，需要小心谨慎地处理。但关于“判断每个管理者的重要性”的访谈则是对业务实际情况的信息收集，因此收购方可以直接就关键业务问题进行详细的提问。这里需要注意的是要把岗位的重要性和该人的能力表现分开来考虑。

判断管理层的可替代性

如果能掌握该信息将是非常有帮助的。企业应尽早去了解获取此信息。

(1) 内部提升。由于能够共享的信息有限或有其他更重要的问题需要考虑，在签约前或交割完成前往往不可能对此展开讨论。不过，如果卖方认识到了此问题的必要性，也可能会提供一些信息。因此首要尽早确认现任管理层的留任意向。

(2) 外部招聘。向熟悉当地人才市场的专家（猎头公司等）了解劳动力供给的情况会有很多帮助。在与现任管理层谈判时，如果有备选方案（从外部招到替代人选）与“非你不可”的心态，在谈判的时间以及最后达成的条件方面是很不同的。

不过要注意的是，实际的招聘通常需要几个月时间。因此在考虑外部招聘的同时，要事先考虑替代人选到任前的过渡期安排。

作为备选对象，有时被收购企业的前任 CEO 会被列为候选人。当然要满足一些基本的条件，例如前任 CEO 能够马上上任、依然受到大多数员工尊敬等。比较常见的情形是从 CEO 职位上隐退的原企业创始人再度出山。

(3) 从收购方集团内部调遣。对于现阶段的中国企业，面临的挑战是缺乏拥有国际化视野的合适人选。随着中国企业“走出去”的步伐加快，企业全球化的趋势不可逆转。中国企业需要相应地建立自己的全球化人才体制，为管理全球化的企业做好准备。

判断收购后的新战略中管理层的贡献度

这是收购方最想知道的信息之一。管理层潜力的信息之所以重要，是因为在制定并实施企业发展战略的过程中，恰当的管理层人事安排是确保战略目标实现的关键。

事实上，在实际交易过程中，只有在条件相当成熟的情况下，才有可能开展管理层测评。收购方通常是在交割完成后才开始补充收集信息，考虑搭建未来的管理团队。当然，如果能尽早创造机会，由外部专家对现任管理层进行测评，那么收购方就能掌握更准确、更全面的信息用以支持决策。

2. 财务性保留策略

上一部分中谈到两种情形：一是很多时候，现任管理层辞职会对收购方带来挑战，管理层在任何时候都有可能辞职；二是虽然收购方会因现任管理层立即辞职而受到影响，但也不情愿在保留方面花费太多。这说明保留本身不是一件易事。

在谈判双方都是来自同一个国家的情形中，还不是那么具有挑战，但若对方来自国外，特别是以前经历过类似的谈判，那么对方就具有很多优势。对于收购方而言，信息收集和做出判断将变得更加困难。正因如此，收购方在决策时，应该多参考熟悉当地实际情况的专家的意见。

保留方案一般包括几个财务或非财务组合。财务方案通常包括以下方面，巧妙组合搭配，可以有效地提升人才保留效果。

（1）现行激励和保留方案：现任管理层持有的股票期权和股权等的结算。

（2）保留奖金：现任管理层同意在收购后继续工作一段时间，因此需支付给他的特别奖金。

（3）收购后新授予的长期激励计划。

在实际操作中谈到保留计划时，一般仅指（2）。不过，提升人才保留效果取决于（1）~（3）的组合搭配。根据不同的情况，有时不一定三者全用，我们需要根据每个交易的情形，有针对性地设计组合，达到保留的目的。

以下就这三个方面进行简要说明。

现行激励和保留方案（股票期权和股权等）

这是针对在现行长期激励方案下，现任管理层已经归属/拥有或预期归属/拥有的股票期权或股权。将这些以现金结算时，额度越大，结算的时间越早，管理层辞职的可能性越大。

此外，此前谈到过因控制权变更条款而加速行权的情形。不过，有的交易中不存在控制权变更条款，有的则没有就结算方式进行规定。这些需通过审阅相关的规定和文件才能确认弄清，是人力资源尽职调查的重点之一。

对于没有明确规定的方面新股东有权利单方面决定，但为了与现任管理层建立友好的关系，帮助管理层留任，可以由双方进行协商确定。当然，决定的依据一般要参考市场的常见操作。在某些情况下，即使已有明确的规定，但如果双方同意，也有可能对之前的规定进行修改。

在我们经历过的一些交易中，现方案的结算金额达到数千万美元。如果约定在交割后立即支付，就面临着支付后管理层马上辞职的风险。因此作为收购方，可以通过谈判，考虑用其他的条件作为交换，尽量延迟支付时间。

不过，现任管理层因为受到高额结算金额的诱惑，会希望尽早完成谈判，获得既定的权益。再加上对未来的不确定性，因而一般来说是非常不希望延后支付的提议的。

所以就需要双方谈判。谈判的方面很多，仅就单个要素交涉是很难达成协议的，因此往往是就（1）~（3)展开整体的谈判。

另外，如果结算金额不多，从人才保留的观点来看影响不大，那么大多会根据既有的规定进行结算；若未有规定，就按一般常见的方法执行。

这里要指出对于管理层现有股权的处理，还可以考虑其他的方式。例如收购方不是一次性购买现任管理层持有的全部股权，而是在未来三年间分期购买，并事先约定根据业绩的好坏来决定购买价格的计算方法。这样一来，对于仍有自信在收购后改善业绩的管理层，这可能是一个相当有吸引力的建议。同时对于收购方，人才保留的力度也会大大地加强。

当然，这还要取决于其他的一些因素，比如收购方是否可以接受不是100%控股？如果这不是问题，那么上述的做法就是可行的。

保留奖金

保留奖金是收购完成后，由新股东重新授予管理层的，其性质与现任管理层在现有计划下享有的权利不同，所以方案设计的自由度比较高。

当然，如果保留奖金的内容对现任管理层没有吸引力，那就失去了其作为留人策略的意义。但过于慷慨则是浪费。因此，为了设计最佳的保留奖金方案，除了评估人员流失风险外，把握市场行情并且整体考虑（1）~（3）的组合就变得很重要。

保留奖金的要素包括支付的对象、时机、条件、水平与总额。

支付对象基本上等同于保留对象，但是对于保留对象，不一定有必要支付保留奖金，或是仅需支付少许。这通常是因为保留对象流失风险比较低，或者有足够的留任动机（例如之前所提及的收购方分三年时间收购股权的情形）。

确定保留对象时，首先要决定收购后谁会成为管理团队的“一把手”，该人对收购后的管理起着至关重要的作用，也是收购方要最先考虑的保留对象。有时候，现任 CEO 仍将是被收购后的“一把手”；有时候，现任 CEO 只是由前股东（比如投资基金）委派的业绩管理人员，虽然可能有必要让其留任、进行短期交接等工作，但从一个较长时间段来看，专业的管理人士才是收购方需要的人才。无论哪种情况，收购方要首先确定新公司的核心人员。

公司规模不同，保留对象的人数也不等。有些情况下只是管理团队，有些还会包括非管理层员工（比如关键的技术或销售人员），保留对象可能增至数十人，甚至上百人。

在奖金的分配上，一种做法是把总预算交给未来管理团队的“一把手”，由其建议对每个人分配的额度，并由其去获得该人留任的承诺。当然，总的预算以及方案的初步建议必须能够让未来管理团队的“一把手”满意。在决定总预算金额时，可以参考保留奖金在交易价格中占比等市场数据。此外，还可以考虑将实际的留任率与管理负责人奖金挂钩的做法。

需要注意，保留计划的成本将会影响收购后的利润目标以及年度奖金等。如果对此有顾虑，“一把手”可能会提出不太有竞争力的全面人员保留方案，所以作为收购方需要有独立的思考和判断。

关于支付的时点，首先需要考虑希望留用该管理层的时限。我们之前遇到过一些案例，由于收购方认为付了保留奖金后管理层就可能辞职，于是将奖金支付的时点设在很久以后。最后的结果是管理层感觉遥遥无期，便很快选择了辞职。所以收购方可能要酌情考虑提前发放一部分保留奖金。不过也有一些案例，保留对象在获得现行方案下的结算金，以及第一笔保留奖金后，就拥有了财务上的自由而选择提前离职。因此在设计时要全盘考虑（如图 4–1 所示）。

保留奖金的支付时机通常有两种：交割完成一年后一次付清；交割完成半年后和一年后，分两次付清。不过考虑到重要活动时点和其他款项的支付时期，也可以在 9 个月后和 18 个月后付清。

如果希望管理层留任 3 年，是否需要提供 3 年的保留奖金呢？由于在谈判期

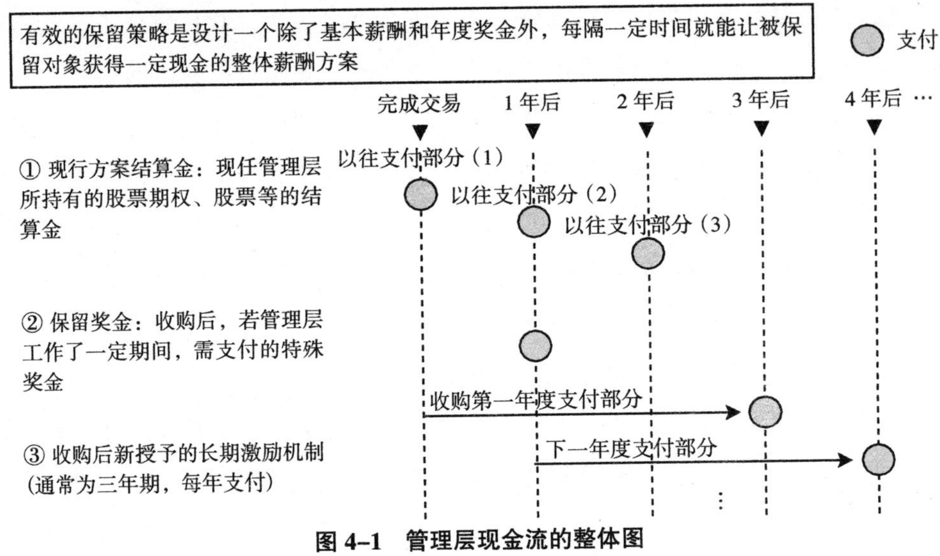

图 4-1 管理层现金流的整体图

间无法进行人才测评工作，因此长期的留用奖金不一定是最好的选择。收购方可以把保留奖金和未来的长期激励计划相结合，用长期激励来覆盖第 3 年，并且根据业绩支付。

如果某些人去意已决，收购方为了顺利交接而希望其留任 3 个月到半年，这时，为了确保其留任，有时也要准备好保留奖金。

保留奖金在分两次支付时，通常是每次支付一半；也存在为了发出保留信息，采用前期支付 4 成、后期支付 6 成的递进式支付法。当然，根据不同的案例，也会有其他的做法。

保留奖金的支付条件主要有两个——与时间挂钩（在某个日期前在职即可），以及与绩效挂钩。不过鉴于短期激励（年度奖金）是与绩效挂钩的，因此为了区别保留奖金，很多保留奖金只是与时间挂钩。

至于需向为交接工作而短期留任的人员支付的保留奖金，比较合理的做法是以完成交接作为支付条件。

长期激励计划

长期激励指根据长期的业绩来支付的奖励。

如“现行激励和保留方案（股票期权和股权等）”部分所述，在收购时往往需要对以前拥有的长期激励进行结算。收购后，为了不降低管理层的待遇，就有必要提供新的长期激励计划。尤其对于许多欧美企业的高管，长期激励占其整体薪酬的很大比例，所以提供类似的长期激励对保留以及持续激励管理层具有很重要的意义。新的方案可以与原长期激励计划类似，但由于一些因素，如业绩指标在收购后可能有了很大的改变，所以收购方需要重新审阅、设计一个能契合收购后新的战略的长期激励计划。

长期激励可以现金的形式支付，也可以通过股票或类似股票的形式支付。对于中国企业，由于可能不是上市企业或者国企，可能根本无法提供股票支付，所以在绝大多数情况下，可能选择现金方案。但是要注意，在有些地区，比如部分欧洲国家，由于沉重的税负，管理层更偏好能享受税收优惠的股票方案。

长期激励的时间段一般为 3 年，但也有 2 年或 4 年的情形，通常与企业中期经营计划的时间段相符。

不过，有些企业由于所处的行业或市场等原因（比如市场呈爆炸性发展），很难做中期计划，所以长期激励实际上和短期激励（年度奖金）的性质相似。

从人才保留的角度来看，长期激励支付的时机很重要。如果是 3 年期方案，那么原则上就是在完成 3 年的实际业绩后，确定金额并支付，具有很强的保留效果。不过如“保留奖金”部分内容中提及的，如果需要等太久，让人觉得遥不可及，保留的效果不一定很好。但如果因此而设计长期激励、允许提前支付，那么对于收购方而言就是本末倒置，不能接受了。因此，设计方案时我们需要考虑整体的效果。

也就是说，在第一次支付长期激励前的时间段内，可以安排支付保留奖金或现行方案的结算金，使得管理层能够定期地获得现金收入。

此外长期激励可以每个年度授予，所以在第一次长期激励到期发放后，之后每年都会发放长期激励。虽然每年决定长期激励的授予需要花些时间，但如果公司每年都重新审查和修订中期经营计划，那么顺便确定长期激励就会很自然，而且能强化对管理层的承诺。

还有一个重要问题需要讨论，那就是长期激励的开始时间。如果预期在完成收购后不久，就能确定反映新股东意向的新的中期经营计划，那么可以在收购完成前后导入相应的长期激励计划。不过如果对未来的市场情况不是很有把握，需要花不少时间来研究、讨论，则无法快速地制定出让收购方和管理层都接受的中期计划。另外，收购方可能需要一定的时间来考虑是否真的有必要提供长期激励，如提供受益的人员范围等方面。在这些情况下，可以考虑延后一年导入长期激励计划。如前所述，收购方需要考虑在第一次支付长期激励前的时间段内采用其他方式做衔接。

最后，在确定长期激励授予水平时，参照市场的行情是不可或缺的。届时不能只看长期激励，还要从整体薪酬（基本工资+奖金+长期激励）的角度出发，了解薪酬的市场竞争力。

3. 获取现有管理层的认同

在努力促成现任管理层留任的最初阶段，尤为重要的是确认现任管理层是否有意愿在收购后继续留任。不过“留”或“不留”的想法往往随着收购方开出的条件和内容而变化。当然，对于收购方也是一样，根据对方要求的条件，可以决定是否要对其进行留用。

我们经常见到，收购方认为目标公司的管理团队十分优秀，将管理团队在交易后的留任作为收购与否的一个前提条件。即使如此，这也不意味着一开始就向对方摊牌，要求对方留任。这是由于在对方尚未足够了解收购方时，不管收购方如何热情，一般而言效果也不会太好。

况且，在交易初期，收购方很可能也没有十足的把握管理团队的留任一定是最好的选择。

在做任何决定之前，最好能确认双方是否契合。对于管理层而言，是否契合或匹配常常是希望收购方未来不会进行太多的干涉，管理上能有较大的自由度。从收购方的角度来看，如果对收购后的业务规划不认同，就不一定希望对方留下。另外，如果现任管理层太自我，一味提要求却无意倾听收购方的诉求，也不是很好的兆头。

如果在这些基本的方面双方不匹配、没有共识，即使双方就保留及未来的薪酬达成了协议，也很难赋予管理层强烈的使命感、责任感，使其在收购后能够安心地工作。很可能在完成交易后不久，管理层就决定辞职。

与现任管理层的沟通

目标公司的股东与管理层的想法不一致也是很正常的，因此我们考虑时需要将两者区分开来。在收购私募基金的投资对象时，就属于这种情况。

从卖方的角度来看，是否进行出售、出售给谁主要由作为股东的私募基金方面决定，基本不受管理层意志的影响。因此在收购私募基金的投资对象时，就会出现交易谈判的对象都是私募基金的人，无法与目标公司管理层进行深入交谈的情况。

在交易的初期，我们需要卖方提供一些重要的信息，例如现任管理层的雇用合同与股票期权等激励机制的内容、管理层股票持有的准确数据、完成交易时现任管理层将要获取的金额等。如果不能确认这些重要的信息就进行谈判，收购方可能面临很大的风险。

优秀的私募基金在投资之际，为了实现增加投资企业价值的目标，会努力物色行业中优秀的管理人员，然后对管理团队提出提升企业价值的具体要求，很多还会给予以股票为基础的薪酬作为激励机制。采用股票薪酬是为了让管理团队与私募基金的利益相一致，消除不稳定因素。

在交易结束后，这些股权激励就变成了巨额现金支付给了 CEO 和 CFO 等少数高管。在我们遇到的一些案例中，CEO 级别的高管在达成交易时到手的金额超过千万美元的并不罕见。这些人往往是行业中的精英，也是企业在收购后迫切想要留用的。

目标公司的高管一般只能听从私募基金出售的决定，对于交易过程无法施加影响。但一旦将公司以高价卖出，其本人也许会获利颇丰，因此他们通常会努力促成公司的出售。股东方面也会考虑得十分周全——若是现有条件不足以令管理层积极配合，还会以达成交易为条件，承诺支付管理层交易奖金。因此，现任管理层不太可能做出影响交易完成的举动。也就是说，在收购完成之前，管理层不会向收购方做任何表示，其将在收购后辞职，让收购方感到不安。即便其真有此想法，也不会让人看出端倪。

总之，尽管收购方可能与现任管理层见过面，感觉双方谈得很投机，没看出有太多的问题，但也不能掉以轻心。

管理层对员工的承诺

虽然交易成功可以带来丰厚的财务上的回报，但作为专业人士，很多高管出于对企业及员工的深厚感情，会对谁接手十分在意。这是因为未来的股东决定着企业和员工的命运。

比如，如果收购方在目标公司经营的地区已经有相当程度的业务，那么收购后就有必要调整双方重叠的部分。在调整组织结构的同时还要实现业绩增长，管理层可能要面对巨大的压力。大规模的变革也会让管理层感觉之前所做的一切不被认可、自己的员工被扫地出门，所以可能会产生避免被收购的心态。如果管理层本来想在收购后大干一场，上面的做法就会影响他们的积极性。当然，如果收购方能提供更好的平台，那么对现任的管理层而言是一件好事。因此，管理层就会想要尽早地详细了解收购方对未来的设想和规划。

如果不了解这些，现任管理层不仅不能决定自己的未来，而且无法说服自己的部下在收购后留下来。在优秀的部下离开后，管理层自身的能力也会受限。根据我们的经验，越是认真考虑留任的管理层，越担心这一点。

对于非常想做一番事业的管理者，能否巧妙说服他，让其留任来实现自己的目标将是关键所在。

在讨论此事时，收购方派出的不应只是公司的代表，而应该是拥有足够权力的高层决策者。既然现任管理层将负责企业收购后的经营，那么收购方就应派出重量级的人物，表示重视。现任管理层也会想到对方可能是自己未来的上司，或是全权负责的人，这样他才愿意推心置腹、交流自己真实的想法。

贯穿交易始终的“游说”

上文反复谈了游说前的铺垫工作，这些铺垫不一定要在一次全部完成，这实际上也不可能。交易尚处于谈判过程中，还有很多无法谈及与尚不清楚的事情。

交易的关键在于决策人之间每次会面都要能推动事态向前发展。比如，首先可以把问题带回去考虑、讨论，约定下一次会谈时给予答复；其次在双方能够确认有契合度之际正式提出留任要求；最后为成功留任再就业务上的重要事项展开谈判，这是基本可以采用的形式。当然，同时也要一并就留任方案和新的薪酬等待遇条件达成一致意见。

要想确认双方的契合度，就需要召开“P to P 会议”。所谓 P to P，是英文“Principal to Principal”的简称，即收购方和现任管理层方面均派出实际的决策者进行沟通。决策者以外的参会人员尽量精减，基本上是两人单独地展开交涉。

那么应该何时召开首次 P to P 会议呢？实际上，可以在尽职调查之前，也可以在尽职调查进展到一定程度时要求召开。当双方都认为交易很可能完成（虽然尚未完全确定），而且收购方认为现任管理层的留任是很重要的，这时候从风险管理的角度出发，在不影响交易的条件下，可以告诉对方收购后的想法，然后观察对方的反应。

当然，如果接受这一来自多家潜在收购方中一方的开会请求，会使收购方和现任管理层产生一定的预期，所以卖方一般会认真研究后再给予回复。从这个意义而言，如果我们被视为优于其他竞标者的收购方（优先买家），那么出售方就会尽早同意举行 P to P 会议。

P to P 会议上的沟通

首先，必须恰当定位 P to P 会议。会议的重点在于相互确认契合度，而不是直接提出留任要求。

其次，收购方最好采用开始双方平等对话的态度，而不是给对方（即现任管理层）只是就并购做些说明、解释。这样做，意味着未来双方还要继续沟通。

在准备 P to P 会议时，要始终照顾到对方的感受。也许在会上会提及何时收购、收购的动机之类，但 P to P 会议的主要目的是在确认与现任管理层契合度的基础上劝说其留任，因此必须通过娴熟的技巧，就收购方是怎样的公司、对未来的想法、管理层如何受益等内容进行沟通。

关于“收购方是怎样的公司”，需要尽可能具体地描述企业的历史、经营方向和既往的成就。同时强调对目标企业的业务、市场和竞争环境具有充分的了解也很重要。在此基础上，再就公司的中期战略以及此次收购交易在此战略中的地位等加以介绍。

如果买方在过去实施过收购，也可以考虑是否向目标企业详细介绍此前收购的企业现在是如何运营的、取得了哪些成绩等。

关于“对未来的想法”、“管理层如何受益”等内容，则可以考虑以下话题。

- 通过更换股东，未来更便于在哪些方面更好地发展，或是能得到哪些帮助。
- 收购后将采用何种治理机制、汇报关系，管理层有多少管理自由度。
- 收购后，新股东希望展开哪些新业务，留任的员工将会如何受益。

在 P to P 会议上，必须尽可能在以上方面进行详细沟通。当然，由于此时还处在了解对方意愿的阶段，我们不一定对对方的所有问题都给出最终的答案。即使首次会议没能让对方完全吐露心声，但只要能确定下一次继续召开 P to P 会议，就算是很不错的收获。如果对方提出需要我们带回去讨论的内容和问题，这本身就证明对方已经迈出了一步，对我们而言就是机会。

4. 更换被留用的 CEO

对于每个收购方，都不愿见到自己竭力挽留下来的管理团队，尤其是 CEO 没有如预期发挥作用，将不得不进行更换。

CEO 为何无法胜任

之前的 CEO 为何在企业被收购后就无法胜任了？许多读者或许会认为这大概是收购方面有问题，但实际情况则比较复杂。下面就可能的几种情形做一下说明。

未觉察到留任的 CEO 无法胜任

该种情形是从一开始就没发现该人的能力不足以胜任 CEO 的职位。比如对于未来如何扩展业务，虽然该 CEO 提出了数字目标，但迟迟没有（在交易完成后）提出具体的方案说明如何实现目标。即使后来提出了方案，却没有任何的依据，或者逻辑上存在破绽。这些问题在收购后不断地显现出来。

由于收购方过于希望与对方构建良好的关系，常会犹豫是否应提出尖锐的问题，因此错失了良机。收购后通过观察，发现 CEO 决策中存在不少问题，在公司内部也对其决策有不同的意见。

此类问题是在交割完成后一段时间才发现的，但是否在收购前就无法洞察出来、只能束手无策呢？对此，笔者认为还是有办法规避的。

比如，在做决定前对其复制成就的能力进行测评，以及针对管理层介绍（为收购方准备）中的内容进行深入讨论等。这些办法在实际中都会有助于对管理层的了解与评估。当然，对方不一定会同意收购方的额外请求。但笔者认为由于此事很重要，作为收购方应该尽力去争取，不应该轻易放弃。

如果在收购前就发现 CEO 的能力不足，就需要考虑这是否会影响交易的进行。即使交易照常进行，收购方也应该对交易完的行动方案进行改变。总之，收购方最好能够尽早发现问题，安排相应的对策。

对领导力的误判

该种情形是没有真正地弄清楚目标公司的领导力或真正的领导者。现任CEO有可能很巧妙地操纵信息，没有把企业真实的一面展现给收购方。尤其要注意的是由私募基金控制的一些企业，很多是经过多次、系列的并购而扩大了规模，表面上虽然很好，但这类公司很多只追求短期利益最大化，而没有在内部整合上下功夫。单从总公司的层面无法了解整个集团的情况，总部对下属公司是否进行了有效的管辖也不清楚。

另外，从人力资源的角度来看，因系列收购而加入目标公司的人中也有非常有能力的。虽然公司只有一个 CEO，但其实已处于“群雄割据”、各自为政的状态。企业内部有很多分歧、存在很多问题，但为了追求短期利益，无暇去解决这些内部的问题。

很自然地，作为目标公司的 CEO，不希望这些事情在收购前曝光，导致企业的价值受损，因此会尽力封锁消息。但是收购方真正了解并接手业务后，可能很快就会认识到该 CEO 并不适合未来带领企业实现更高的目标。

如果可以认识到上述存在的情况，努力洞察可能的问题，那么我们在交割完成后就应该立即开展对总公司以及各业务板块管理层的测评工作。

管理层测评在很短的时间内，比如一到两个月内，就可以对领导力有一个全面的掌握。短期内基于同样的标准，对一定职级以上的管理人员进行评估。根据交易的性质，有时候还需要跨国测评。一个可行的做法是委托第三方专家，对管理人员进行测评，并对结果进行梳理汇总。

无法克服基本理念上的分歧

该种情形是虽然交易达成了，但CEO和收购方一直都无法克服基本理念上的分歧。

例如，在未来业务的发展方面，应该把重心放在哪里？现任CEO认为应该是在某些业务方面，而且相当坚持，收购方则持有不同的意见，双方产生了分歧。

这其实是“把什么作为收购对象”的基本问题。如果是资产收购（收购特定业务或资产），这一问题在一开始就会进行优先的讨论；但如果是股权收购（收购整个企业），就变得不是那么迫切，容易被延后讨论。

另一种情况可能是以交易成功为优先考虑，暂且放下分歧以促成协议，企图之后再加以挽回。

例如，对于收购后是否把目标公司与收购方现有子公司合并的问题，对敲定交易决策具有影响力的CEO与收购方即使看法不同，有时可能故意不敲定合并时间，任其模糊不清。

有趣的是，CEO的意见不一定与其他高管的想法一样。以上述例子而言，即使CEO因为某种原因对尽早与收购方的现有子公司合并心存犹豫，但其他高管实际上则是重视业务合理性，甚至可能考虑如果不尽早合并，自己就打算离开公司。

总之，如果只注重与CEO的沟通，就无法对实情有全面的了解。这时就有必要与核心的高管进行面谈来了解他们的想法，即使CEO不是很情愿。

在沟通中不能只听对方说，而是应该询问为什么这么想，对对方的逻辑和前提事实进行提问，这样才能更深入地了解高管们的真实意见和想法。

是否一定要更换CEO

更换与保留现任CEO的初衷是背道而驰的，所以肯定会出现“真的要这样做吗”、“如果弄错了，谁来负责”的质疑声。要证明对人的评价，尤其是负面评价，非常不易。若要求对提出“应该更换CEO”这一具有风险的意见负完全责任，事情可能会毫无进展，白白浪费时间。但做出更换决定的一方需要做好担负风险的心理准备。

收购对象的员工也有其自身的立场，不一定总会率先告知真实情况，尤其事关对自己做出评价的上司（CEO）的才能和资质，因此他们通常在看清大势之前不会分享自己真实的感受。

调查途中会出现许多让人怀疑是否真应该更换 CEO 的证词。但一旦决定换人，“为什么不早些换人呢”的说法也会随之而来。也就是说，若只倾听他人意见，有可能完全看不透重要的事情，对此我们应该做好心理准备。

尽管应该避免迅速却拙劣的判断，尽可能地开展讨论，但在 CEO 人事问题上，最后应由负责人一人来决定。对于基于何种考虑来构建 CEO 及其管理团队，我们需要明确自己的“旗帜”。

能否防止对 CEO 期待值的误判

如前所述，留任 CEO 不发挥收购方期待的才能会成为一个大问题，那么如何避免这种事态发生呢？这是一个大难题。难题的本质在于：收购方不得不在并购（M&A）环境下，即在信息和时间受限时，鉴定 CEO 的实际情况和潜力。

防止出现 CEO 契合度不足的关键在于获得信息。CEO 此前的履历以及作尽职调查期间的管理层演示是主要的信息源。在进入交易程序之前，如果已经有过业务往来，双方相互熟悉，那么获取信息的难度就降低了。此时，收购方不仅有关于 CEO 个人的信息，还有关于公司组织结构和业务的信息。

没有这种优势时，有效的手段就是通过专家实施测评。问题只在于一点：签约前、交割完成前，卖家是否同意接受测评。虽然通常难以实现，但如果根据谈判地位差异，执着于此，有时也有可能实现。

笔者常常被问到，如果充分利用能够实施的管理报告和后续面谈，能否看清更多情况？笔者认为做管理报告是多对多的场合，届时原本就谋求获取的信息已经很多，难以再加入更多的需求。不过，如果能实施针对 CEO 个人的后续面谈，那么即便达不到测评的深度，也能加深对 CEO 的了解。

具体来说，就是围绕该 CEO 过去曾实施过哪些举措、对现状的看法、对今后业务开展的构思等方面展开，巧妙提问，力争顺利地获取收购方需要的信息。

从话题来说，可以问 CEO 是否曾经历过企业发展的转折点，他在其中做了哪些工作；也可以依据收购方的领导力模型（如有）进行提问。

对于误判真正领导者的情况，收购方获得消息的难度更高，在交割完成前，获得高管名单和简短评价都需要竭尽全力。因此，交割完成之后就是胜负关键，需要迅速实施管理人才的调查盘点和经营会议的可视化。

收购方也可以提高敏感度，尽早体察到可能存在的问题。可以从对象企业提供的历史、DD 资料中，探知对方企业在何种程度上是一个整体，总公司的管辖是否发挥了作用。在此基础上俯瞰各分支机构和运营区域从事的业务内容、构成和作用，有时就可以获得相应线索，用以理解其组织领导结构。

对于基本路线存在分歧的情况，姑且让现任 CEO 留任，同时准备尽早换人。

5. 收购期间更换 CEO

在并购活动中，有的对象公司被收购本身就标志着这家公司既往经营活动的失败。比如被称为“企业再生”（即破产后重组）的案例就是如此，由于业绩不佳导致被收购。因此首先就不能让导致业绩不佳的管理层继续任职。

在国内企业之间的并购中，有时就能看到这种例子。例如，行业强者收购弱者的并购案例，以及被私募基金收购后谋求彻底改善业绩、实施结构改革的并购案例等。不论何种案例，更换成优秀的管理层本身就被定位为获得成功的关键。

哪些情况促使更换 CEO

在中国企业并购海外企业时，哪些情况促使收购方考虑更换 CEO 呢？一种情况是：收购后对 CEO 的要求发生了巨大变化，如果不是与此前不同类型的 CEO，就无法掌控经营指挥权。

虽然统称为私募基金，但被派驻的 CEO 类型其实多种多样。如前所述，有些人擅长使短期利益最大化；有些则是实力派人物，他们在当地的该行业中积累了丰富的经验，也有一定业绩。

对于前者，中国企业收购方考虑的是“收购后，首先要改变经营模式，切实开展业务”。通过面商和谈判，如果现任 CEO 被认为“好像对业务和业界不太懂行”、“在公司内部似乎也没什么凝聚力”，那么要求换人的意见就会占上风。在这种情况下，无须实施测评，问题就已经很明显。与此形成鲜明对比的是，后者是对中国企业而言梦寐以求的人才，收购方应该考虑根据留才原则，力争使现任 CEO 留任。

此外，如果作为买方的中国企业在业务经营技术方面占有压倒性优势，人才能够由内部准备好，那么在此背景下，也有更换 CEO 实施直接经营的收购案例。

有时在签约前，与现任 CEO 在收购后难以一同工作的端倪就已显露出来。尽管认同其作为管理层的才能，也曾想让其留任，但有时最后评价会变成“这种人品让人感到困扰，完全没法一起工作”。

例如关于收购后的薪酬，有的现任 CEO 会反复要求即使在当地的薪酬专家看来都过高的内容和水平。如果 CEO 多次交涉之后依然丝毫没有向收购方靠拢的意向，那么在触及管理层薪酬成本居高不下的问题之前，该 CEO 致命性的缺陷就暴露出来了——让人觉得难以共事。

如上所述，在收购成功的第二天一早就更换 CEO 也成为一个需要研究的课题。因此对于是否真的能够更换 CEO，要慎重研究。

从何处寻找人才取代将被更换的 CEO

第一要考虑的当然是“有替代人才吗”、“该人才何时可被录用”。本章第一部分已就此进行了阐述。

如何设计新的管理团队

第二要考虑的是新 CEO 以下的管理团队成员的组成及分工，即使达不到更改组织结构的程度，也可以考虑是否能够通过调整职责分工来组建更好的队伍。当然，这需要与甄选新 CEO 并行考虑，有时会反复筛选。

现任 CEO 雇用合同的内容

第三要考虑的是现任 CEO 的雇用合同内容的实际细节。在其离职、交接工作的过程中，这一点会变得重要起来。

需要注意的是，很多时候，即使收购方提出解雇，根据原有规定，决定也要在一定时间之后才能生效。如果想缩短该时间，有时收购方支付金钱后就能单方面加以变更，有时则需要双方达成协议修改原规定。

此外，收购方还要事先切实弄清楚有无既成约定令其离职后的待遇问题，如是否需支付巨额离职补偿金。

什么时候让现任 CEO 离职为好

关于这一点，需要探讨该 CEO 留在公司内的不利影响（例如担心其继续发挥影响力等）以及不在公司时的不利影响（例如业务交接、近在眼前的重要活动的现场指挥等），然后做出综合判断。CEO 也会有自己的想法，对于他的想法，能够接受的部分，原则上应予以考虑。

至于 CEO 离职后的竞业禁止协议（Non-compete）和禁止招徕协议（Non-solicit），虽然雇用合同等已有规定，但继续雇用令其留在公司内会更容易掌控，因此也可以考虑让其在公司内待上一段时间。在此期间，继续探讨 CEO 辞职后的风险对策。

综合以上四点可以看到，有很大范围的复杂内容必须加以探讨，加上还牵扯到感情性因素，因此，很有必要寻求当地薪酬专家及该领域专业律师的意见。

在哪个时间点实施更换 CEO 行动

一方面，为规避收购后的风险，在签约收购协议之前，要以交割完成后上任为前提，同拟聘任的新 CEO 沟通待遇等条件，获得其出任 CEO 并持续工作一定时间的承诺。这是所有行动的起点。

另一方面，对于将要离职的 CEO 也要做细致安排，比如离职的最后期限到何时；在哪个时间点以何种形式向公司内外宣布等。那种不给 CEO 保留体面的方案或是令其在经济上单方面受损的方案即使得到法律的认可，但如果强行实施，也有可能在某些方面有很大的负面影响。

与现任 CEO 的沟通要在获得了新 CEO 候选人的承诺后启动。这是因为，如果先行告知现任 CEO 希望其离职，若新 CEO 人选拒绝就任，那么收购方就没有回旋余地了。

在此，有一个重要问题浮现出来。实际更换 CEO 通常是在交易完成之后，因此在收购需要获得政府批准的案例中，在从签约到交割完成的长达数月的时间里，预定离职的 CEO 仍然是 CEO，新 CEO 则还未走马上任，处于悬空状态。这段时间应该有效运用起来，促使收购方和被收购方加深相互理解，构建和谐关系，同时并行组建“改革推进委员会”，推进相关事项。

获得卖方合作也很重要

在迎来交割完成之前，收购方还不是股东，不能对现任 CEO 提出要求。此时，对于无论如何都想在交割完成前完成的事项，收购方可以考虑首先获得卖方的合作，通过现任股东获得现任 CEO 的支持后实施。

随着谈判的进展，达成收购的迹象日益明显，迎来交割完成、顺利实现收购就成了买卖双方的共同焦点。这是解决上述问题的关键点，因此只要谈判在向前推进，达成协议有了眉目，那么买卖双方就有可能在合理范围内进行合作，共同解决问题，推动交易前行。

在价格谈判有眉目之前，包括信息提供在内，收购方完全无法提及更换或留任现任管理层、收购后的新经营机制等话题，这种案例很多。不过一旦有了达成协议的迹象，情况就大为改观。为了保持谈判的主动权，收购方需要总是领先一步，这很重要。

第五章　对管理层建立有效的治理

本章要点

1. 确立新的治理和管理体制以及百日计划

在跨境并购中，并购企业首先应该追求的是国际化环境下的“专业化的治理”，而不是“专业化的管理”。在交割事项完成前，应先构建起一个能够充分发挥“治理”机制的硬件设施，同时确定收购后的新管理团队，把收购后的经营基本计划即“百日计划”的讨论体制建立起来。

2. 领导力的融合

在新管理团队和治理体制稳定下来以后，马上要实施的是组建以领导力融合为目的的工作小组（Workshop），积极地去认识并购方与并购对象的管理层特点和今后的课题，在全公司范围内开展百日计划的筹划制定。

3. 对管理层确立人力资源三权

在跨境并购中，治理的关键是通过任免权、评价权、薪酬决定权人力资源三权来体现对管理层的控制力。因为在收购过程中往往无法实质性地行使这人力资源三权，所以应在交割完成后迅速确立这三种人事权。

4. 管理团队的更替

无论多么优秀的管理层和管理团队都存在“是否过时”的问题，从治理的角度必须具备以下的构思：从对业务的构思转向对团队组织的构思，然后把这一构思转换成对管理层资质的要求，选拔合适的继任者。

5. 对管理团队和管理层的评估

要掌握管理团队和管理层个人的特点以及专业优劣势，不要让他们回答假设的问题，而要让他们基于过去的事实来回答，这样的评估访谈才是有效的。在分析结果的基础上，提出能提高并购成功可能性的管理团队的设想，并推进风险防范工作。

6. 并购后整合中的组织诊断以及员工意识和行为变革

通过回顾的方式，将本公司的优势和历史渗透到被收购方的员工中去；从达成百日计划的目的出发进行组织诊断，将收购方的观点落实到对员工的意识变革和行为变革层面，这样的方法才是有效的。

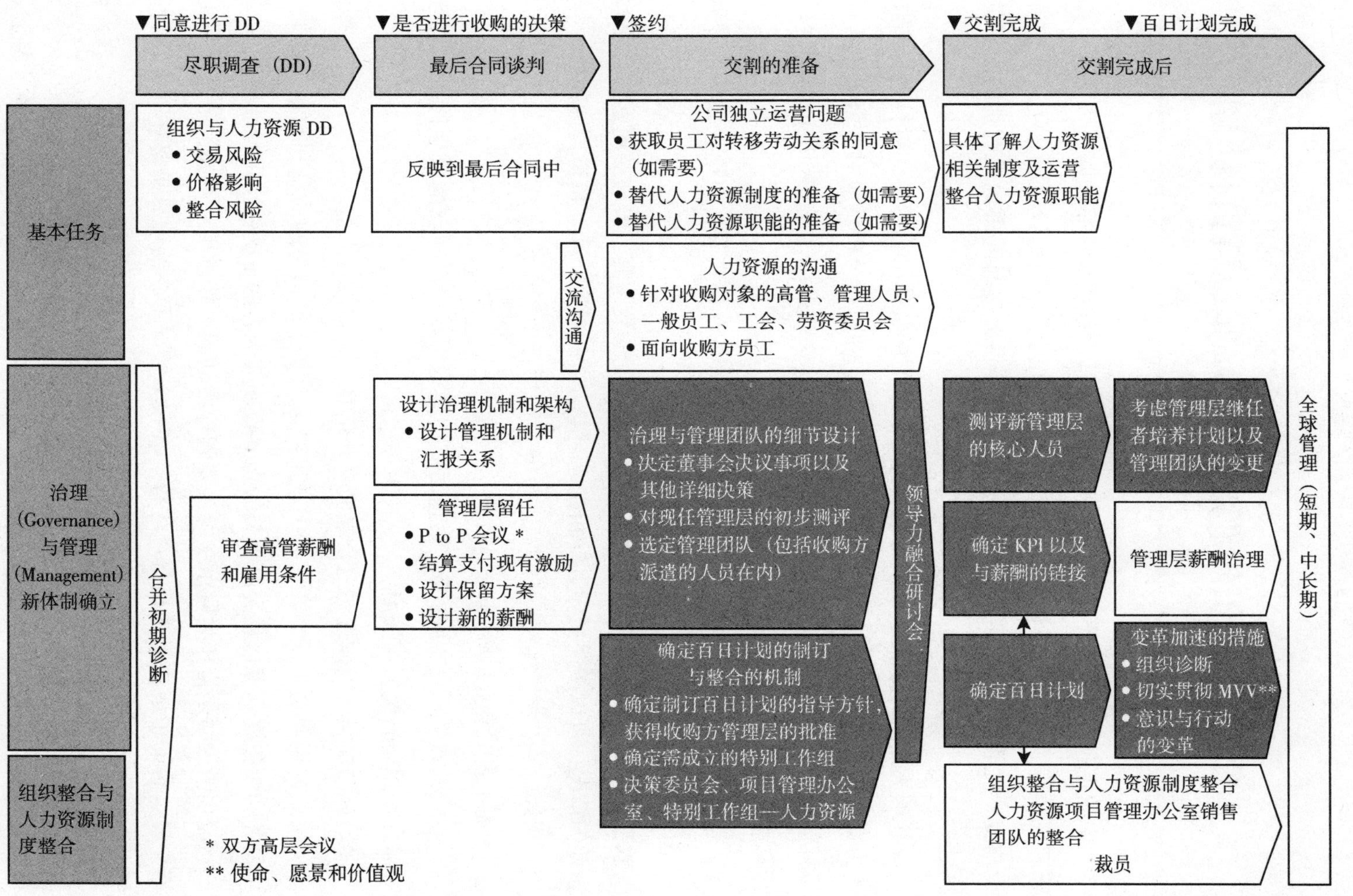
▼同意进行 DD
▼是否进行收购的决策
▼签约
▼交割完成
▼百日计划完成
尽职调查（DD）
最后合同谈判
交割的准备
交割完成后
基本任务
组织与人力资源 DD
● 交易风险
● 价格影响
● 整合风险
反映到最后合同中
公司独立运营问题
● 获取员工对转移劳动关系的同意（如需要）
● 替代人力资源制度的准备（如需要）
● 替代人力资源职能的准备（如需要）
具体了解人力资源相关制度及运营
整合人力资源职能
交流沟通
人力资源的沟通
● 针对收购对象的高管、管理人员、一般员工、工会、劳资委员会
● 面向收购方员工
治理（Governance）与管理（Management）新体制确立
合并初期诊断
审查高管薪酬和雇用条件
设计治理机制和架构
● 设计管理机制和汇报关系
管理层留任
● P to P 会议 *
● 结算支付现有激励
● 设计保留方案
● 设计新的薪酬
治理与管理团队的细节设计
● 决定董事会决议事项以及其他详细决策
● 对现任管理层的初步测评
● 选定管理团队（包括收购方派遣的人员在内）
确定百日计划的制订与整合的机制
● 确定制订百日计划的指导方针，获得收购方管理层的批准
● 确定需成立的特别工作组
● 决策委员会、项目管理办公室、特别工作组—人力资源
领导力融合研讨会
测评新管理层的核心人员
考虑管理层继任者培养计划以及管理团队的变更
确定 KPI 以及与薪酬的链接
管理层薪酬治理
确定百日计划
变革加速的措施
● 组织诊断
● 切实贯彻 MVV**
● 意识与行动的变革
组织整合与人力资源制度整合
人力资源项目管理办公室销售团队的整合
裁员
全球管理（短期、中长期）
组织整合与人力资源制度整合
* 双方高层会议
** 使命、愿景和价值观

1. 确立新的治理和管理体制以及百日计划

中国企业在收购后不久，对于海外子公司治理的实效性将面临巨大考验。由于存在语言文化的差异和空间上的距离，一些收购方会以现任 CEO 胜任为假设前提，把管理全权交给 CEO，因为除了这样做，短时间内也没有别的更好的办法。

管理不是只讲原理原则，而是对每个交易后的具体情况，有针对性地提出具体方案并负责准确无误地实施。如果出现问题，要进行分析、应对，努力地实现目标。而与此相对，治理的工作主要是根据 CEO 的报告，建立相应的流程，进行有效的监督。

管理与治理，参与的深度是不同的。从治理的角度来看，无论怎么深入，也只是停留在指导的层面，例如仅需要提出 ROA（资产收益率）应该达到什么样的水平，为此应该在这个领域具体进行什么程度的变革等。管理层更熟悉行业和企业的情况，可以按照指导方针相应地制定有效的对策，并且负责具体的执行。

所以，在大多数情况下，完成跨境并购后，中国企业应该追求“专业的治理”，而不是“专业的管理”。

当然，如果现任 CEO 及其管理团队的能力不足以应对新的管理挑战，那么就需要在相应的层面加强治理。

治理的加强可以体现在三个层面——信息、流程以及人员。

信息的层面是指提高在治理中做出决策所基于的信息的质量和数量。例如，将财务和业务规划等信息交由相关的人员验证其内容的正确性、可行性等。

流程的层面是指作为股东参与主要管理活动的决策过程。例如，出席有关决策会议、事前了解决策和执行过程等。在很多情况下，治理总是落在管理之后，因此为避免收购方的管控无法充分发挥效力，要在流程上进行加强。

人员的层面是指需充实董事会中的人才，能够满足治理的需要。例如，虽然日常管理是 CEO 的职责，但是在董事会中最好有拥有丰富行业经验、本土经验、变革管理或者危机管理经验的资深人士，在CEO遇到困难的时候，可以作为顾问来出谋划策。

这些资深人士可能是从集团外部招聘的外部董事。在我们的一个欧洲案例中，CEO表示在遇到重要事项时能与自己商量的只有董事长，所以一再要求务必要安排一名资深的人士担任董事长，作为收购方的企业在了解了他的真实想法后，满足了他的要求，体现了很大的诚意。

不言而喻，治理具备监督和支持两面性，如果能找到这样的资深人士，不仅可以监督以CEO为首的管理团队，还可以最大限度地激发出团队的活力，进而通过评估人才的潜力，决定招聘或留任，持续地加强管理团队的实力。

另外，如果董事会里有这样经验丰富的人士，在出现突发事件时可以兼负CEO的职责，确保公司业务的持续进行。

针对治理的职能，尽管首先要确保信息、流程方面的准备，但是人员方面的准备是同等甚至更为重要的。

会议制度的设计

在设计整合后的治理架构时，会议制度的设计是非常重要的。诸如确定董事会成员、并购方参与管理层会议的代表、是否要成立针对特定领域的委员会等工作，都需要恰当地设计和运用会议体制。从时间上看，会议体制设计工作原则上要在交割完成前结束。

制定主要会议的年度日程表是非常重要的一项工作。我们先不需要确定详细的全部日程细节，只需要对关键的议题，包括那些既重要又容易被拖延的事项进行确定。董事会层面的会议无法频繁召开，如果在国外召开就更是如此。在这有限的几次会议中，围绕对中期战略和投资计划回顾、对技术战略回顾、审核接班人队伍的培养和稳定情况等重要的议题，必须预先确定在哪一次董事会议上讨论哪一个议题。否则，就有可能被年度预算等周期性的议题或一些紧急的事项而挤压占用时间，导致重要的事项无法得到应有的关注。

事先确定议题的另一个好处是便于为讨论做好充足的准备。为了使董事会能够发挥作用，必须精心地收集翔实的信息资料，在进行充分的分析后提交给董事会。准备相应的材料需要花费时间和人力，如果事先没有制定日程表，就很可能来不及做准备工作。

此外，作为收购方，对一些事项需要事先在集团内部的不同利益相关者之间协商并达成共识，才能在董事会上拍板决定。否则与当地管理层之间的会议就是徒劳无效的。从这一点来说，提出议案和资料的日程管理也就变得非常重要。

另外，如果收购方想进行严格的管控，就要建立审议事项权及裁决权的核心机制，对当地管理层的决定权限进行限制、明确。比如与质量和合规相关的事务最终由总公司决策等。此类事务因国情和企业立场不同而存在差异，所以较难把控，但它们的影响力又很大。此外，对于实施集团战略的重要的收购，以及一定金额以上的投资和支出，通常需要对权限进行明确。

CEO 以下管理人员的参与

双方签约之后，作为并购后整合推进主体的项目管理办公室（PMO）及其下属的工作组的负责人都会参与进来。在 P to P 会议[①] 上提出的、在高层面上取得共识的问题，诸如收购后的战略等，此时要开始进行深入的讨论、细化。工作组一般包括销售、产品开发、生产等。

正如 CEO 之前接受了来自收购方的测评一样，其他的管理层也将在 PMO 和工作组的工作中接受来自收购方的细致考察。

如图 5-1 所示，由收购方和被收购方各自挑选出的负责人和团队成员组成 PMO 和工作组，然后展开探讨。与收购方只是审阅收购对象提出的方案相比，上述的沟通方法比较花费时间。但是这种做法可以使双方对对方所做的工作、现在所考虑的问题、对问题的看法、核心人员等基本的方面加深理解，加速推进双方的融合。所以这些工作可以被视作并购后整合的投资，是值得提倡的做法。

在并购中速度是至关重要的，原则上，PMO 和工作组应在交割完成之后马上正式启动。为此，从签署购买协议到交割完成的这段时间内，需要敲定 PMO 和工作组的框架，甄选负责人和小组成员。当然，PMO 和各工作组讨论的课题是根据在 P to P 会议上双方确定的主要方向来确定的，同时也要调配适当的人才参与到工作组内。

① 参见第四章第三部分。

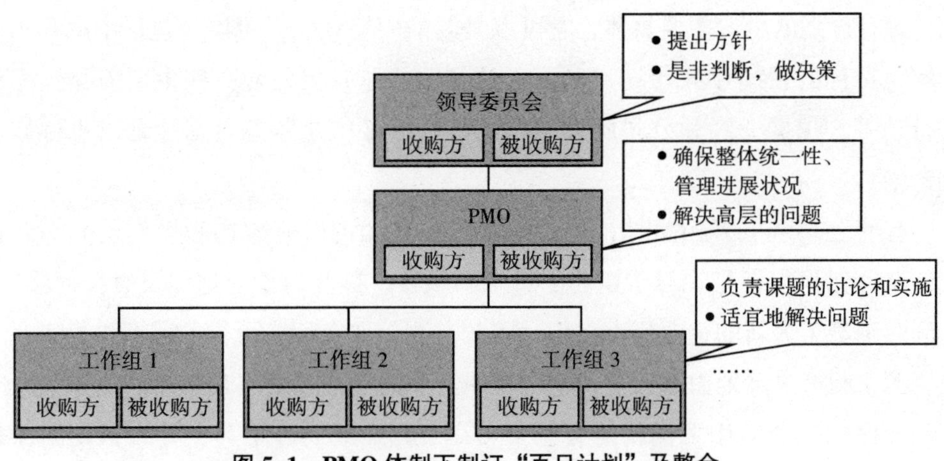

图 5-1 PMO 体制下制订"百日计划"及整合

注：PMO 为英文 Project Management Office/Program Management Office 的简写。

制订百日计划（新的中期规划）

通过 PMO 和工作组的活动，不仅能够使并购对象融入并购方集团的管理体制之中，完成操作层面上的整合，更能够把 P to P 会议上提出的收购后的战略重点和愿景落实到计划上。把想要完成的工作落实到计划上是一切工作的起点。

针对制订计划时非常重要的指导原则，需要在此前的 P to P 会议上得到相当程度的讨论。需要注意的是，要避免在还没有确定正式指导原则时就在 PMO 和工作组中启动讨论，避免讨论始终停留在融入集团的管理体制和确立操作层面的合作等事情上。

当然，PMO 不只是负责流程管理和确认双方的契合度，还肩负着对各工作组解决不了的难题提供支持、把提出的战略重点细化并落实到计划中去等一系列的责任。

从并购后整合的角度看，重要的是通过 PMO 和工作组的工作，建立起两家企业最初的成功体验，为后续的整合打下良好的基础并制造声势。在有限的时间内能把指导原则中提出的战略重点和愿景落实多少到计划中，这在相当程度上取决于并购双方所具有的组织能力和实际能投入的资源。因为在并购中速度很重要，所以如同"百日计划"这个名字一样，在并购交易完成后的 3 个月（100 天）左右，在企业管理中做出一定成绩具有非常重要的意义。

百日计划的内容需要具体，它可以是新的中期计划，可以是包括中期和第一个年度目标的新的业务计划，也可以是整体的愿景但包含一些中期需具体实施的行动等。根据业绩和公司所处的状况，这些必须是紧急行动计划（也称作止血计划）。

有些公司从一开始就把讨论课题限定在集团的管理架构和操作层面的合作上，这种错误很常见。对于企业的员工和顾客，这些讨论对他们没有任何影响，无法激励员工为新的企业努力工作。因此，我们要在切实可行的范围内投入必要的资源，积极主动地去落实 P to P 会议中涉及的一些关键问题。

上面的一个应用案例就是有些公司在交割完成后并不马上导入长期激励机制。这样做的目的是：对中期计划的制订给予充分的时间，因为这是构成长期激励机制的基础；对长期激励的授予对象通过考察其工作成果后再决定。当然，这么做是以不打击并购对象管理层的工作积极性为前提的，需要经过一番全局性考虑。

2. 领导力的融合

在并购后的整合中，首先应该着手的是领导力（管理层）的融合。特别是对于必须整合组织架构的并购案来说，要在设计新的组织结构之前对负责组织设计的领导力进行融合。即使对于不涉及组织整合的并购，并购对象也需要融入收购方的管理体系之中，所以领导力的融合也是必不可少的。

在早期阶段举办研讨会对于领导力的融合十分有效。研讨会能够有效预见到“百日计划”制订过程中可能出现的问题，并可以就规避风险、解决问题的方式进行讨论。

为什么首先着手于领导力融合

读者可能常听到“并购成功的关键是企业文化的融合”这样的说法，其内容大多是指普通员工及基层管理人员的企业文化融合，或者是企业价值观的渗透等。

对组织来说，一切方法最后都要渗透到组织的末端并发挥效果。从这个意义上说，普通员工是并购的关键，这一说法不错。但是对于大多数的并购，时间要求很高，所以要尽快地实施变革。企业是在组织中运行，既然并购是以组织作为对象，那么最初的变革要从管理团队的高层开始实施。从高层开始推进的话，对下面的组织就可以充分运用现有的指挥命令系统提纲挈领。提高对全组织的覆盖度也是必不可少的，但是可以放到后面来做。

领导力融合的时机

在并购对象未来的管理团队确定后，就应马上着手实施领导力的融合。应尽量在交割完成前实施；如果不得不等到交割完成，那就要在并购后整合的基本计划即“百日计划”制订前实施。

错过领导力融合的时机，会使管理层无所适从、无法做出决策。随着观望情绪的蔓延，整个组织会变得混乱，失去活力。

相反的情况是，管理层在发挥自主性时没有经过充分推敲，结果具体化后的计划让收购方感到不协调。此时再去修正就需要耗费巨大的精力，有时也会因为难以修正而发生争执。如果在今后制订百日计划这一“未来大计”时，或者在推进决策后，却陷入这样的局面，那就会成为一个大问题。

收购后的新管理层通常包含留任的原管理层人员、内部新提拔的管理人员以及从收购方派驻过来的管理人员等。另外，在进行组织整合的并购中，从双方组织中选拔新任管理层是很普遍的。此时，收购方的管理层，即股东，是重要的利益相关者。

领导力融合的内容

领导力融合的目的是能尽快地、最大程度地实现并购所预期的目标。就如同企业文化一样，如果把某种难以捕捉的、抽象的东西用“企业文化”四个字一笔概括，就无法对其做深入讨论。因此，我们要把妨碍整合的因素弄清楚，必须具体到“组织里的哪些地方发生哪些问题”。

即使把讨论对象的范围缩小到管理层，问题还会是各种各样的，所以在操作中有必要按照特定的讨论框架来进行分析。图 5-2 展示了美世所采用的六维度框架，如果管理层在这六个维度的想法不一致，就无法顺利做出决策。

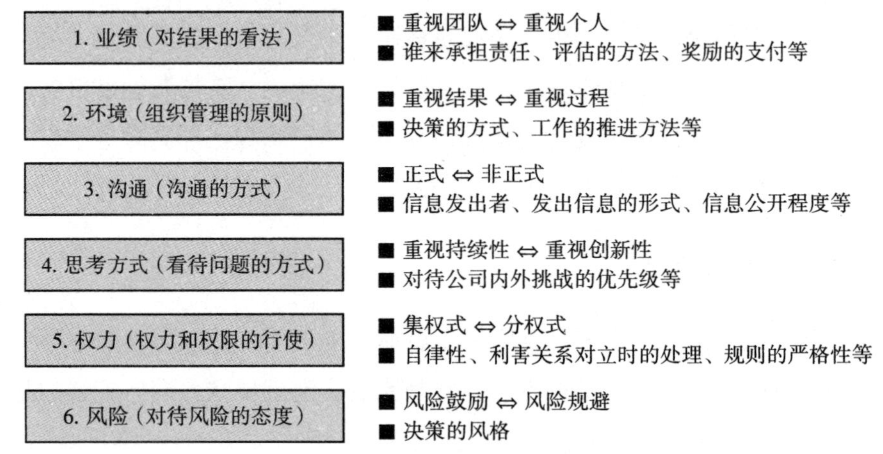

图 5–2 诊断领导力现状

注：每个维度下会有若干个问题，总共约 30 个问题。

展开这一讨论时需要注意不能把企业文化作为单纯的文化来讨论，还要结合业务的背景。

把意见不同的管理层的想法在研讨会上进行讨论、磨合是需要技巧的，要确认以下三点：①大家看到的事实（数字）是否相同；②基于该事实（数字），双方逻辑思维的方式与顺序是否相同；③在相同情况下，双方采取的对策是否相同（即个人偏好、擅长与否、过去的成功经验、失败体验的烙印等）。在这里，业务背景指的是①和②，企业文化和管理者的特点（习惯）指的是③。但是要记住，③是经过时间打磨才能得到的东西，它的前提是①和②。

因此，我们需要在六种维度之外，事先把市场潜力、竞争状况、商业模式、自己企业的优劣势等业务背景做一番梳理，以便在研讨会讨论过程中随时用来做参照。

在开始制订百日计划时，完成领导力融合现实吗

当然，如果能在交割完成前或者在交割完成后不久即取得充分的融合，那是最好不过的了。但比较可能的情形是，共同面对因彼此间领导力的差异而产生的问题，针对可以立即解决的问题制定相应的对策，并定期检查执行的情况。对于

那些存在差异但又无法立刻解决的方面，可以放到制订百日计划时再去讨论。

如前所述，把企业文化和业务背景割裂开来讨论是存在局限性的。企业可以通过制订和实施作为并购后整合计划的“百日计划”，更好地理解领导力融合中的真正问题。尽管如此，收购方还是最好在制订百日计划前开始领导力的融合，这样做可以有效预见未来存在的挑战，并相应地考虑应对的举措。

在明确了百日计划后，就可以再另外拿出适用于普通员工层面的融合方案。[①]这可以通过组织诊断，发现百日计划在实施方面的挑战，基于此相应进行意识变革和行为变革的项目，也可以展开 MVV（使命、愿景和价值）渗透的项目。

领导力融合的方法

步骤一：领导力的现状诊断。

把图 5-2 中的六个维度再细分成若干个具体的项目，对将参加研讨会的人员进行问卷调查。

举例来说，对于以下问题——“目前，我们的现状是更注重决策的结果，还是决策的流程？”“并购后我们理想的状态应该是什么样的？”我们提供 5 个选项供选择：①注重结果；②比较注重结果；③两者皆非；④比较注重流程；⑤注重流程。

在汇总参会者的答案后，我们对收购方和收购对象的管理层之间的看法是否一致就一目了然了。

双方的观点一致是否就是好事、不一致就是问题呢？其实对于现状的看法不一致是很正常的，不是什么大问题。但是如果对未来应有状态的看法不一致，可能就是一个问题。另外，即使双方对未来应有状态的看法一致，但如果从业务背景的角度来看，这些一致之处并不能有利于业务的发展，也会是个问题。

另外，在判断现状与未来应有状态之间的差距时，并购的一方可能认为并不太需要改变，而另一方认为需要进行大的变革。这种差异虽然是一个问题，但是我们要注意沟通的方式、方法，避免出现“我们的观点是对的，你们的看法存在问题”这类不恰当的表述。

---

① 参见本章第六部分。

虽然个别参与者的回答与平均值的偏差非常大，但是双方的沟通应基于各方的平均值。此外，一些关键人物（如 CEO）的回答也非常重要。

在对调查问卷回收分析后，对一些主要的人员采访、询问，确认他们回答的真实意思和背景是十分必要的。经过这样的准备工作，在研讨会中应该讨论的关键议题、讨论的推进方法等具体内容就会清晰地呈现出来。

通过访谈，如果被访者能够开诚布公、明确阐述自己的真实想法，那将是非常有益的。为了让对方敞开心扉，必须具备在短时间内赢得其信任、洞察对方想法的能力和灵敏的商业嗅觉，还要对业务背景以及组织存在的问题具备很强的把握能力。

有些收购方认为，访谈如果起用非直接利益相关者的外部专家，效果会更好一些，这样更容易与对方沟通。当然，我们也见过由并购对象的管理层出面，委托其顾问进行访谈的案例，因为并购对象想利用这个机会，把自己的想法很好地传达给未来的股东（买方）。

步骤二：领导力融合研讨会的设计和实施。

在研讨会的初始阶段，可以通过分享调查问卷的统计结果来激发大家的讨论，就需专注解决的问题达成共识。这样做可以有充足的时间让双方加深对彼此的了解，针对这些问题发生的原因进行讨论。

再引用前面的例子，例如在提到“注重决策的结果”还是“决策的流程”的问题时，就需要讨论具体指的是哪些事情，这一想法是如何形成的，等等。也就是说，在谈及过去的成功经历和失败教训的同时，需要回到业务背景，从源头上进行解释。

在此基础上，为了解决今后业务上的课题、实现交易的目标，应制订管理层的行动计划。如果能做到这些，那么作为百日计划制订前召开的首次领导力融合研讨会就有了很大收获。行动计划虽只是初步的，但只要参会者一致认可即可。

行动计划可以涵盖一些常见的内容，比如明确经营战略并将其渗透到全公司、明确决策的职责和权限、明确在新公司中哪些行为是值得提倡的等；它也可以包括“开发旨在提高公司正式沟通的质量和频率的项目”这类以制订行动计划为目标的行动计划。

根据我们的经验，研讨会参与者的反应一般都很积极。这是因为作为推进交易的核心成员，不仅标志着其自身得到了正式的认可，他们在研讨会中也能够和在新公司担任重要职位的核心成员以及利益相关者们结识并加深了解，拥有共同的体验。

研讨会结束时常会出现半年或一年后举行第二次探讨会的提议，可以让与会者交流成功经验，也可以验证与会者达成共识的行动计划。实际上，可以召开第二次研讨会，也可以把第二次研讨会的内容编入百日计划的实施、验证机制中。

3. 对管理层确立人力资源三权

无论是保留并购对象的 CEO 还是由新人接替，对收购方而言，并购后重要的一点就是能够有效管控并购后的 CEO 及其管理团队。特别是对于收购方没有实质性地参与包括日常工作在内的管理的案例来说，若出现问题，由收购方出面解决的能力很差，因此需要对负责实际业务的管理团队加强管控，以避免发生重大问题。

在当今的企业实践中，对管理层的管控有各种各样的方法。但原则上，收购方应在并购后迅速确立“人力资源三权”，即任免权、评估权和薪酬决定权。

任免权是指收购方对管理层的任免权限。母公司/股东拥有最终的决定权，如果管理层不听从指挥就可以将其解雇。通过并购，此权利就转移至收购方。

在收购方做出任免决定之前，通过与管理层进行有效的沟通交流来行使评估权。这是有效的控制手段。如果一切都通过行使任免权进行，成本过高，所以要学会使用评估权。要做评估，就必须设定评估的标准和目标。有了这些之后，股东就可以对管理层进行评估。如果在评估后确定管理层没有完成目标，股东可以再行使任免权。

所谓薪酬决定权，是指收购方决定支付管理层薪酬的最终权限。薪酬在保留激励人才方面有重要的意义，因此要提供给优秀管理层有市场竞争力的薪水。另外，薪酬又可能占成本的很大比例。所以需要平衡、确保成本的有效性。股东拥有与薪酬相关的决定权限。

虽然表面上拥有了上述权限，但能否有效行使是许多收购方所面临的挑战。

无法有效地实施治理

图 5–3 简单地总结了存在的问题。收购交易本身只要花钱就能完成，收购后完全掌控收购对象却不是那么容易。但即使难也要去做，否则收购的预期目标就无法实现。

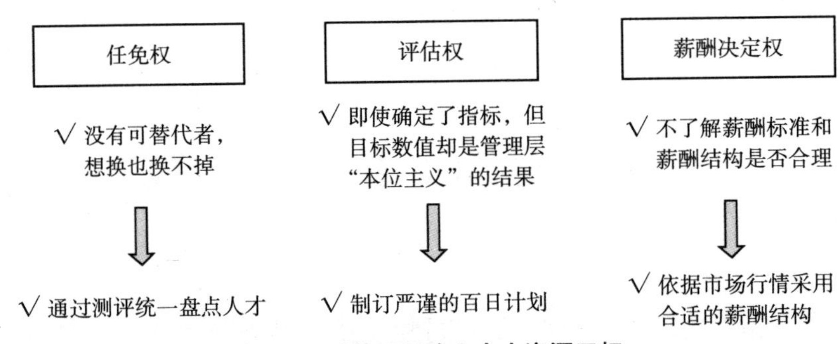

图 5–3 对管理层确立人力资源三权

对于管理层——无论是对收购对象的原有人员还是对收购方派遣的人员，都必须进行管控。不能以为是自己派去的人就掉以轻心。除非是企业的最高层亲自出马，否则必须对管理层进行管控。

在以下情况下，股东无法有效行使其权限：

第一，在任免权方面，股东方不清楚或没有信心谁是更好的替代者、是否换了人问题就能解决。

如果不能果断地决策，将会带来很坏的影响。比如当收购后 CEO 的工作表现不能让收购方满意的时候，在是否换掉 CEO 这件事上，收购方如表现得犹豫不决，既不完全支持管理层，又不愿立即进行调整，会让基层员工感觉公司不是在正常的状态下运作，对收购方产生失望。

经常会见到这样的例子——在换掉管理层之前，没有一个人会说管理层很多坏话，但一旦换掉，很多员工都会说为什么不早点做。这种反应很自然——员工很难在知道上司要被换掉之前就冒险来提意见。但是不要以此就认为什么问题都没有。作为治理方，要定期检查管理层的工作成果，积极推进管理层的新老交替。

第二，评估权的问题。用一句话来说就是管理层目标的“本位主义”。由于治理方不如当地管理层对本地市场了解得那么多，无法对数字目标进行实际控制。

例如，人们经常讨论短期或长期激励应该基于什么标准来支付。常见的做法例如以销售额和 EBITDA（利润）各占一半的权重来评估，确定管理层的哪一层级负责到什么范围的数字——是收购对象全公司的目标，或是本人负责的业务目标，还是也需要考虑收购方整个集团的目标等。

这些点很重要，是接下来很多讨论的基础。但是针对销售额和 EBITDA 作为评估指标，它们的目标数字实际应该是多少，如何来确定目标数字之类的问题，需要从治理的角度来审慎对待。

数字目标的建议可以由当地管理层来提出，但是方案必须由治理方审议批准。但是问题在于治理方可能不如当地管理层熟知当地的情况。

因此可挑选优秀的管理层，放手让其去管理，因为当地管理层最了解业务的情况。即便如此，治理方也要负责判断当地管理层所提出的目标数值的真实合理性，即使对方没有恶意，该目标也可能受到当地管理层本位主义的影响。为了充分推敲判断该数字目标的合理性，治理方可参照一些诸如同比、集团内横向对比等易于比较的指标。

第三，薪酬决定权问题。因为薪酬是由“市场行情”、“原则”、“历史”等因素决定的，而股东方的知识和了解常常跟不上，由此会引发问题。

在我们咨询的一些并购案中，在收购时买方已经与留任的管理层就未来的薪酬决定权进行了沟通、确定，所以之后不会有太大的问题。但是如果买方不去面对，只是想维持薪酬现状，在没有对这个问题进行充分思考的情况下就签订了购买协议，之后就可能面临许多烦恼。

比如说，收购对象的规模比收购方要小很多，但为什么管理层的薪酬却比收购方的高管还要高呢？要理解这一点需要考虑多方面的因素，如果没有彻底了解的话，每逢决策时，单从薪酬的成本有效性角度出发，决定往往会受到质疑。

另外，如果对管理层的薪酬没有基本理解，对于管理层的要求（无论是直接提出的还是暗示）是否真的妥当也就无从判断。如果由于语言障碍、不了解专业术语以及时间的压力等原因，在没有真正理解存在的问题的情况下就接手，未来就可能会存在不了解管理层薪酬是否合理、有意愿留下来的管理层能否留任等一系列问题。

上文对并购后，收购方无法对管理层有效行使人力资源三权做了分析，那么收购方应该如何解决这些问题呢?

“任免权”要基于对管理人才充分的了解

为了让任免权能够充分发挥作用，首先要做到想换人的时候马上可以找到接替人选。可能有人认为这不是很难的事，但对于大多数中国的收购方而言，目前还是一项非常大的挑战。

评估管理人员潜力的测评方法有很多，也很成熟，问题在于在并购环境下，治理方实施的意愿和时机。当然，从风险管理的角度来看，越早实施越好，越精确越好。

一个理想的时机是刚刚完成交割之时，此时可以开门见山地表达作为股东，有必要尽快对管理层进行了解。在一些案例中，收购方一提出就得到了 CEO 的正面响应，因为 CEO 也想很好地掌握其他管理层的情况。从评估的精确度来看，如果采用精确度很高的正式访谈，对方可能不是非常情愿。因此可以考虑其他形式的测评，在结果的精确度和实施的难易度之间选择一个折中的方案。

因为需要了解到管理层下一级的员工，所以要根据收购对象的企业规模，集中实施 10~15 人或者 30~50 人规模的测评。

在运用管理人才测评的结果时，如果仅仅停留在根据不同职位制订继任计划，那就没有充分发挥其效用。我们应该把它用于管理团队未来的构想，有计划地完善管理人才供给的基础，作为集团整体人才管理的一部分（参照本章第四部分）。

“评估权”要基于独立的信息源和收购方成熟的业务构想

为了防止目标企业管理层的“本位主义”，有效地使用评估权，收购方首先要思考的基本内容是在哪些方面能优于对业务和当地情况都更为了解的当地管理层，或者如何从与当地管理层不同的视角开展讨论。

一种方法就是获取独立于当地管理层的信息源，例如听取该领域的当地专家或者顾问的意见，检验当地管理层所说的内容或讨论框架本身是否妥当。

业务的最大潜力本来应该在尽职调查阶段加以讨论，但由于受到时间、信息等方面的制约，常常不能如期进行。因此在交割完成后，可以重新对业务的最大潜力进行讨论，并制定具体的措施方案。此时，独立于当地管理层的信息来源就会起到作用。另一种方法，是向当地管理层提出其更为成熟的业务构想或新业务的着眼点，要求当地管理层将工作内容具体化并进行实施。这种方法在收购企业的业务开展、经营方式或商业模式方面更胜一筹时可以采用。

有人认为，为了保证评估的有效性，被评估方对评估结果接受及满意也很重要。这虽然有一定道理，但是如果和当地管理层多次沟通都无法达成一致，作为股东接下来就要考虑使用任免权了。这一点可以体现出建立任免权的重要性。

“薪酬决定权”要基于市场行情和透明的监督机制

要想使薪酬决定权发挥作用，最基本的前提是要有基于市场行情的有竞争力的薪酬结构和透明的监督机制。

有经验的读者应该能够理解，进行薪酬的市场对标不是一件很容易的事。选用不同的数据作为参照，对结果有很大的影响。在实际操作中，除了获取值得依赖的数据来源，还可以聘请经验丰富的顾问来进行协助。

不同的管理层对自己或部下的薪酬会有各种不同的要求。其中，有哪些是与市场行情相符的要求，有哪些是过高的要求，收购方只有在充分了解、掌握市场行情的基础上，才能有效地就整体薪酬的水平与对方进行协商。否则很难与当地管理层就薪酬问题达成一致意见。这相应地会影响其工作的积极性。

此外，在交割完成后，需要通过薪酬委员会或者类似的机构履行透明的监督程序，保持合理的薪酬水平，以便最终可以向收购方的股东交代。

对于以上治理问题，绝不可以掉以轻心。确立人力资源三权最重要的是秉承“一切从业务出发”的治理理念。

4. 管理团队的更替

应该意识到，无论多么优秀的管理层或团队都有“过时”的时候。我们所面临的管理挑战是不断变化的，不存在对所有管理挑战都很擅长的管理层。在绝大多数情况下，企业的管理可以说是不同管理团队间的接力比赛。

管理层的最佳时间

不仅是管理层，任何人都有擅长和不擅长的事情。另外，也不能忽视个人的动机、身体、健康等因素。因此，作为治理方，需要意识到，无论多么优秀的管理层和团队都有“过时”的时候。

在并购中，经常会遇到现有管理层是否胜任未来的管理，以及能否持续胜任之类的问题。究其原因，选择优秀的管理层是实现并购后业务目标的关键。

在并购活动中，大致可以考虑三种类型的管理层：

第一种是并购之前一直持续保持业务稳定的管理层。收购方为了人员的稳定、维持业绩，会至少在短期保留这一类型的管理层，但是收购方要考虑清楚，是否要一直留用。

第二种是在之前的变革中大显身手的管理人才。并购活动都有其特定的交易目标和逻辑，而且在收购时大多支付了溢价，因此如果延续此前的管理不变，早晚会陷入困境。并购后的变革势在必行，要变革，必先有变革型的人才。

第三种则是为了帮助卖方（特别是私募基金）卖个好的价格，只是专注于出售的管理层。在很多情况下，管理层并不十分了解业务的情况，不具备管理层理应具备的能力。

管理层评估

优秀的私募基金通常以专注于挑选称职的管理层而著称。为了获取超额的投资回报，一般在收购后进行战略调整和全面的管理变革。

在投资人回报的考量中，获得回报的时间也是投资中一个非常重要的变量。私募基金没有太多时间先检视业务进展是否顺利，再决定对策。因此他们会花很多的精力，尽早地建立最佳的管理体制，为并购后的运行打下基础。

当然，战略投资者和财务投资者（私募基金）在目标公司的选择方法、对投资回报的态度、是否做出投资决定等方面有许多不同。但把这些不同放到一边，优秀私募基金的做法中，有非常多的地方值得战略投资者学习，包括他们对管理层的评估和对尽早确立管理体制的坚持。

许多企业，尤其是中国企业，还不是很习惯在收购后很短的时间内就去面对管理层、对其进行评估。但是并购后，可能马上就有很多问题需要管理层做出重要的决策。如果管理层不称职，新的变革可能就无法推动，新的组织就无法进行有效的管理。

这里所说的“新组织”，是指并购双方如都在同一地区经营，并购后就会有重叠的部门，如市场部、销售部等。这就不可避免地要进行组织整合。如果收购方和并购对象之间的实力差距很明显，一般是由强的一方吸收弱的一方；如果双方势均力敌，就需要互相融合或者合并。①

如果是被吸收，那么新组织中的重要职位均由强势一方的人员来担任，这很容易理解。但其实应该不去考虑强弱，而是甄选最合适的人员。在融合或合并的情况下，比较常见的是两家企业的人员在新组织中各占一半。同样，正确的做法是应讨论双方人选中哪一位更合适。

即使两家企业的实力相当，但人才水平却未必相当。业务实力取决于多种因素，可能与其人才水平相关度很低。实际上，在我们遇到的很多案例中，处于同行业、同水平的两家企业在对各自的管理层进行评估后，能够明显感受到两家企业之间人才水平的差异。

对于并购情形下管理层的安排，我们不建议采取观望等待的态度。应尽早采取行动，展开管理层的评估工作。

对于管理团队的甄选，或者对于团队更替具体采用的方法，将在下文中给予说明。

提高组织和管理人员决策的准确度

一些企业在讨论与人有关的对策时，常常存在一些问题，例如没有充分开展事前的信息收集和分析工作，或者为了避免做决定，延误了时间和限制了选择的自由度，抑或对于一些非常复杂需要仔细研究的问题，却草率做出决定等。

在并购双方需要进行组织整合的情况下，整合后新组织的管理层架构的设计及人员的安排是非常重要的，可以直接影响并购所希望达成的业务目标的实现。

---

① 参见第七章第一部分。

很重要的一点是，不能按照现有的人员来决定新的组织架构。新组织的架构一定要以业务的需要为出发点。

新组织中没有足够多的职位，所以不可避免地要进行管理干部的选拔。对于管理层下面层级的管理岗位也同样如此。当然，冗余的人员可以调到其他的岗位，但即便如此，还是需要进行选拔才能决定。坦率地说，选拔是一项非常耗时的工作。

那么在不需要组织整合的情形下，是否还需要选拔呢？答案是肯定的。如前文所述，如果要拓展以前没有做过的新业务，就必须选用最合适的管理团队。如果收购方以时间短为借口，不去对管理层做评估，那么在未来就很可能出现大的问题。

在进行评估时，我们需要把问题做一番梳理，采取正确的方法，努力在短时间内做出尽量恰当的评估。即使可能犯错、评估的对象是外国人，收购方也不能选择回避。

对于收购方而言，不需要评估每个管理层（并不仅限于管理层）的全部情况，只需要判断管理层是否具备履行该职责的素质，在两个候选人中谁更适合该职位。

收购方也许会考虑除现有职责之外，未来的职责有哪些，管理层能否胜任。其实不必对此过分担心。改革是分阶段进行的，就像领导们传递接力棒一样，因此在不同的阶段可以把职责分开来考虑。当然，虽说可分成不同的阶段，也不排除同一个领导继续带领团队的情况。如果他是最合适的，在经过判断后还是会让他继续担任该职务。

如上所述，当面临的问题很复杂，不能立即给出全部答案时，不要回避、拖延决定。可以考虑把问题分解，对可以做决策的方面，通过了解相关的信息，做出目前最佳的决策，这才是正确的处理方法。

5. 对管理团队和管理层的评估

一般情况下，对于有关组织和人的计划，不管如何精心策划，只有在执行时才会知道能否顺利推进。

比如在尽职调查期间，收购方还在决定是否进行收购以及收购价格为多少的时候，很难安排外部专家对管理层进行评估。不过在真正决定收购后，就需要开始考虑此项工作。

优秀的私募基金在进行投资的时候，都会制定投资后的战略以及战略实施的方案，并希望未来的管理层（或者候选人）能深度参与进来。所以首先要考虑并购后的管理层由谁来担任：是让现任管理层留任，还是通过内部晋升，或者从私募基金所拥有的专业人员中甄选合适的继任者？这些事项以及并购后进行组织调整的初步计划应作为一个整体，尽早进行讨论。

具体来说，让现在的管理层在并购后留任到什么时候，承担什么职责，希望让谁在并购后继任管理层，为使交接顺利进行需要什么样的准备等，对这些问题应该尽量在早期阶段拿出有效的方案。

在考虑并购后对组织所需的必要调整，以及通过与之前掌握的现任管理层的经验、业绩进行对照后，如果认为对管理层的评估十分关键，收购方可以明确向卖方提出继续收购谈判的先决条件是允许对管理层进行评估。另外，还可以通过其他方法来收集补充信息。例如可以进行独立的背景调查，以及对业内资深人士进行详尽的访谈等。

同时，作为卖方，如果有自信，也可能会积极地向收购方提供信息，让并购过程变得更加顺利，交易可以以更高的溢价成交。在我们近期参与的一个案例中，基于对以往交易的反思，收购方向卖方表达了希望对高管评估的想法。卖方对此欣然接受，在签署最终购买协议前，允许外部专家对现有的管理团队进行评估。

如果收购方在签署购买协议或者交割完成后的一段时间内，还没有完成对管理层的评估，那么首先要着手完成这项工作，然后再对收购对象的其他重要职位和人才现状进行盘点、了解、验证和制定继任者培养计划。在这里，盘点是指根据人才的级别及重要性，有时需要进入评估阶段，有时只需停留在人才信息收集阶段，具体做法要根据必要性、成本、所需时间等做出迅速果断的判断。

管理团队的更替

虽然有些并购交易实施的前提是更换现有管理团队，但即使如此，从各个层面了解并购前公司的管理是如何开展的、哪些做得很好、哪些做得不好等信息也非常重要。通过这些信息分析，可以确保目标企业在并购后能够在正确的轨道上运行。

具体来说，应该对管理团队的整体情况以及管理团队中每个人的情况都进行了解。

了解管理团队的整体状况

虽然讨论“什么是优秀的管理团队”是很有意义的，但是在并购环境下，“诊断”受时间与费用等的限制，需要快速聚焦到最关键的方面，决定应该关注哪些和如何关注（如图 5–4 所示）。

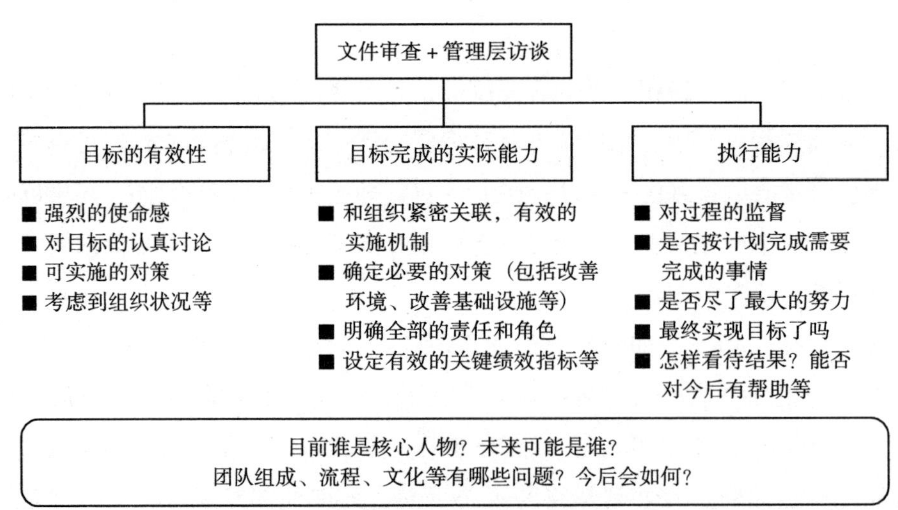

图 5–4 通过审查制定预算的过程来对管理团队进行诊断

能够清楚地展现管理团队能力的方面，一个是制定预算或中期计划的能力，例如执行以公司业务计划为核心的PDCA（Plan-Do-Check-Action）的质量；另一个是处理危机的能力。从这些方面就会发现管理团队在思考什么、做了什么，也会发现管理团队对什么认识不够、对什么没有进行思考、对什么还没有落到实处。换句话说，在短时间内就能了解管理团队的长处与短处。

举例来说，可以看看预算及中期计划中是否包括多年来一直未解决的难题，如有的话具体的内容是什么、难度有多高、之前是如何应对的等。由此可以看出两点：一是对于很有挑战也必须克服的重要业务课题，管理层能否准确找到着眼点和方向，这就是所谓的“领导力质量”；二是能否依照指导方针落实到具体的行动计划上，在规定的期限内完成并检验成果，也就是所谓的“管理的有序性”。

比如，因为管理的基础设施以及资源在质量、数量上的缺陷，导致PDCA无法继续。但如果当年没有采取任何有效的对策，第二年仍旧是老样子，那么管理团队的能力就有问题了。

如果管理层设置了一些“禁区”、屏蔽来自公司外部的信息（特别是对现任管理层来说是负面的信息），那么这些往往会成为问题滋生的温床。我们可以审阅一下会议记录，对参会的相关人员做一个访谈，就能在短时间内较好地理解在管理层会议或是董事会议上是如何进行讨论的。

另外，通过了解公司的财务状况、社会责任，或者对重大危机的应对态度等情况，可以评估管理团队的敏捷程度、在信息不充分情况下的决断力、对价值链及运营的统领力、公司内外的沟通力等，也会发现管理层在危机时的领导力。

我们需要基于这些信息来讨论管理团队的表现是否可以接受，在哪些方面需要提高。特别地，要了解管理团队的成员构成、团队的沟通和决策的流程以及对企业文化应有的姿态等。

以上讨论是针对管理团队更替进行决策的基础。在决定管理团队人员构成的同时，优化管理的流程、文化，使企业可以追求更高的业绩目标。

了解每个管理者的个人情况

在谈到让个人取得优秀业绩的要素，往往指向两个方面——经验和专业知识。但是除了简历上所描述的内容，我们还应该在哪些方面加以注意并进行具体了解呢？

有无经验、是否具备专业知识，这些通过简历就能大体了解。如果想进一步了解，比较有效的方法是由专家进行测试。但是，仅靠对管理层进行评估是不够的，还需要从管理的视角，最好是从变革下的管理视角来进行判断。

一个管理者的工作远不是仅限于对下属提案决定是否可行，判断其是否发挥了作用，必须要了解其作为管理层都做了哪些事情。具体来说，正如我们在描述了解管理团队状况时提到的，应该通过访谈来了解其作为管理层在思考什么、做了什么，反过来，对什么认识不够、对什么没有进行思考、对什么还没有执行。

访谈不是针对假想的话题和未来的事情，而是对过去的事实进行回想、回答。所以实际情况是什么很重要，而访谈中回答的好坏则无关。即使对方想粉饰遮掩，有经验的采访者也很快就能看穿。

访谈中应该询问的不是经验、专业知识的有无，而是利用经验、专业知识思考了些什么、做了哪些事情。因为需要考察该人作为管理层与并购后变革的契合程度，所以重要的是询问其作为管理层（或者候选人）在类似的环境下考虑过什么、做过什么，如何取得成果的等。

对于优秀的管理者，不要仅根据他们之前具备的知识、人脉、工作方式来做判断，而是要看其在面对巨大挑战时，如何进行应对。在了解管理层如何取得成果的过程中，也要特别留意他是否敢于打破常规、拥有创造性思维的能力。通过以上这些内容，我们就可以判断出每个管理者未来是否能够复制过去的成功，以及其最有可能发挥作用的领域。

通过“了解管理团队的整体状况”可以了解管理团队现状与应有状态之间的差距，结合“了解每个管理者的个人情况”对每个管理者潜力的分析，就能慢慢地将管理团队的更替落到实处。

6. 并购后整合中的组织诊断以及员工意识和行为变革

收购方进行了溢价收购，一般都希望在收购后目标企业的业绩有显著的提升。为此会制定着眼于释放业务最大潜能的百日计划（也称作收购后的基本计划）。为了实施该计划，相应地，员工的意识和行为也需要和并购前有所不同。本部分我们将讨论并购中应如何定位和展开全体员工的意识变革、行为变革。

并购对象存在许多改善的空间

在并购时，大家都想尽量挑选拥有优秀管理层的优质企业，但这不是那么容易做到的，而且世界上并不存在完美的企业，即使是非常优秀的企业，在深入了解之后，也会发现有很多可以改善的空间，现状与实现全部潜能的理想状态有不小的差距。并购的协同效应可以被看作缩小以上差距后额外的效应。

作为并购后基本计划的“百日计划”（以交割完成 100 天内为目标而制订的计划），既要反映并购对象本来就存在的问题，也要反映因本次并购而产生的与实现协同效应相关的问题。

在制订了一个全面的百日计划后，接下来的问题就是能否按照计划实施。当然，治理和管理要分开考虑，执行计划是并购方所选派的管理团队的工作。能够达成目标就给予奖励，否则就考虑更换团队。即使如此，无法达成目标会造成机会成本的损失，失去宝贵时间。

对于已经存在一些问题的企业而言，即使不是大问题，但是因为在现状之上又添加了新的元素，所以虽然有可能一切朝着势头良好的方向发展，但也要意识到整合无法顺利推进的可能。

比如，组织构架不合理、业务效率低下、组织内沟通不畅、部分职能无法充分发挥、管理人员业绩不佳、员工士气低迷、工作积极性不高等。这些问题在决定是否收购的尽职调查阶段通常无从察觉；即使想要调查，也会因为无法获得信息而难以实施。

留任的管理层对于自己公司的情况是比较熟悉的。可是很多时候直至交割完成，双方也很少有机会交流。有时留任者会认为这是自己的问题，需要自己来解决，因而不会与对方分享；但有时可能留任者自己也不十分清楚存在的问题。

因此，作为管理方和治理方共同的挑战，应该首先了解企业在哪些地方存在哪些问题，并进行梳理。作为收购方完全有理由提出这样的要求。如果发现了问题，因为已经是双方共同的挑战，管理方可以要求治理方提供支持。

在发现、梳理问题时，采用的方式方法也很重要。如果以“目前企业存在什么样的问题”这种方式来提问，就等同于调查员工对现状的不满，不可能有大的收获。正确的做法是着眼于实现业务的最大潜能，制订详尽的百日计划，然后以“为了实施计划，我们应该克服哪些问题”为由来进行问题的发现、梳理。

当然，交割完成后马上直接广泛听取员工的意见是有意义的，特别是当担心员工对并购有很多不安或者不满情绪的时候更是如此。但是如果情况没有那么糟糕，在百日计划制订之后，从对管理层的访谈开始，逐渐扩大到对组织整体的调研，这样做的成本有效性会更高一些（如表 5–1 所示）。

表 5–1　组织诊断：员工调研的目的和内容

时机和目的	问题项目	优势	劣势	实施调查后的下一步
■ 交割完成后不久 ■ 直接了解员工的“心情”、“真实声音”等的总体情况	■ 一般问题 ■ 自由填写栏	■ 不需要很多准备就可以实施，马上就可得出结果 ■ 可以直接、定量地俯瞰全体，验证与逐级上传而来的呼声是否有很大的出入	■ 能明白问题的内容和所在之处，但不能弄清原因 ■ 因此容易把按部门收集到的反馈信息交给各部门领导之后就不了了之 ■ 如果被认为不会有什么变化，那么觉悟高的员工会感到失望	■ 现场访谈 √ 确认实际情况 √ 深入挖掘问题 √ 探索对策的方向性
■ 制订百日计划之后 ■ 识别百日计划实施上的问题进行分享	■ 经过事先访谈写成的、个性化的问题 ■ 自由填写栏	■ 调研的目的是假设验证。针对问题、原因、对策等方面，提高员工认识 ■ 个性化的问题可以把管理层的一些想法传递给员工	■ 从准备到实施、分析，需要一定的成本投入	■ 管理层和高管相互磨合了解的研讨会 √ 可能的挑战 √ 问题的严重程度 √ 相应的对策 √ 具体的行动计划

接下来就对问题的梳理过程以及结果的应用方法做一下介绍。

梳理问题从对管理层的访谈开始

为了达成百日计划，需要对问题进行梳理。梳理只需关注需要解决的重要问题。当然，不能仅列出问题，还要把问题分类、系统化，因为对许多问题不需要一一对应提出解决方法。比较有效的方法是提出一个全面综合的对策，包括对根本性问题采取的措施。

为了有效收集并深入思考对管理有重大影响的重要信息，我们需要事先审查中期计划、业务报告、管理层会议记录等文件，在此基础上对管理层展开访谈。在访谈时，最好按照以下的顺序进行提问——你是如何解决问题的（过去）、结果如何（现在）、现在在做些什么（未来），以便于了解组织能力。任何组织都有擅长和不擅长之处，访谈就是为了获得这方面信息。

接下来要了解的是这种组织能力是如何产生的？是从内部组织结构中产生还是从外部市场竞争中产生的？是得益于管理层、员工的能力，还是受到企业文化的影响？

根据笔者的经验，进行一定程度的访谈就能对问题有一定的了解，进而对造成该问题的原因和解决问题的方向有初步的想法。

如果对访谈得到的结果非常有信心，那么在访谈后就可以结束梳理。但是也可以考虑以该结果为基础，再通过个性化问题对员工实施问卷调研，对进一步加深理解具有更重要的意义。

通过调研进行组织诊断的好处

访谈得到的终归只是管理层的看法，可以说只能从中捕捉到事物的一面。虽然指出的内容和方向性是正确的，但是根据部门不同，存在的问题也会不同。而调研的优势在于用数字来说话，其结果一目了然。从调研的结果入手，可以着手进行管理讨论，这是一个非常大的优点。

典型的调研是面向全体员工，针对访谈中得到的“组织及管理的问题”、“问题的原因”、“对策的方向性”等信息进行验证。

调研一般设置 50~100 个问题，每个问题有 5 个选项，即“完全符合”、“基本符合”、“两者皆非”、“基本不符合”和“不符合”。另外，调研也通常会增加一个自由填写栏。这样做一方面显示了管理层愿意倾听的姿态，另一方面可以听到员工的真实声音，对于那些被多次提及的问题，能够引起重视。

计分方法多是把 5 个选项换算成分数取平均值。典型的分析方法包括按照不同的组织部门、员工层级分别计分，分析其中的差异；也可以针对某个特定问题分成肯定回答组和否定回答组，然后分别比较这两组对其他重要问题的回答。

分析的结果不仅可以验证，也能反映出不同部门之间的巨大差异，可以从中发现在之前的访谈中没有了解到的方面。

最重要的是通过对调研结果的量化，不仅可以找出问题，还可以了解问题的严重程度。如果有同行业其他公司的数据用来比较那就更好；即使没有，如果出现对本来应该是肯定回答的问题，但 80%以上的回答者都选择了否定答案的情况，也可以对此进行充分讨论。通过调研，收购方能从在访谈阶段只略有了解的方面找到依据，以此作为前提可以向前推进管理讨论。

把组织诊断的结果落实到员工的意识和行为变革上

只有把组织诊断的结果落实到员工的意识和行为变革上，变革的效果才能显现出来。落实的过程要经过以下步骤：

首先，设置负责整体规划和管理的项目组，由 CEO 级别的人来发起。

其次，召开管理层研讨会，使大家对调研结果、面临的问题及下一步的行动形成共识。

有时候，为了谨慎起见，可以在召开研讨会之前先与各管理团队的成员单独会谈，就组织诊断的结果进行沟通、讨论，了解他们的想法。

在研讨会上，针对为实现百日计划应该致力研究的组织问题、问题的原因和结构、今后工作的方向性等问题，需要与会者形成共识。另外，研讨会参加者也可以当场制订行动计划。

接下来的步骤，是让管理决策层的下一层级人员参与进来。参与的人员在增加，观点、信息、批评建议也都在增加，但此时并不是要网罗越来越多的问题。理想的讨论方式是提高重要事务的清晰度、聚焦于应做的事情、加强参与者的承诺。讨论结果以及应该关注的评论等最后都汇总到项目组，共享给整个管理层。

另外，由于企业规模不同，管理层成员有时在该阶段已被要求在各自分管的领域主持研讨会，因此在最先召开的管理层研讨会中就要考虑到这一点，然后切实做好相关准备。

到了形成共识的阶段，就可由 CEO 在全公司范围内发布公告，把之前合作实施的调研结果以及接下来的行动步骤告知大家，推动公司内部的变革。

接下来，在公司内全面召开由高管主持的研讨会或公开座谈会，高管与管理人员、普通员工展开对话。也就是说，先在组织的上层谋求统一意识，然后一边考虑所要传达的内容，一边逐级让下层组织参与进来。

经过由上至下直至与普通员工展开的交流，合并吸收来自各方的意见之后，在制定员工意识变革、行为变革的内容和项目时，我们应该已经有了足够的认识。在此基础上制定提案并让干部们讨论、认可，最后予以发布。如果各部门的工作内容差异很大，则可以发布一个包含全公司版本和部门版本的双重结构方案。

强化意识变革和行为变革

意识变革、行为变革的具体项目内容，可以考虑制订行动计划，开展沟通、培训、表彰等活动。

其中最具备直接渗透效果的是将其纳入评估机制，比如实施 360 度评估，作为讨论晋升时的参考。

但是，执行一个真正出色的意识变革、行为变革项目，会对业绩提高产生正面影响，因此完全可以基于达成的良好业绩支付奖金。结合表彰以及企业报刊的宣传，可以让项目的成功实践者成为公司内的名人和榜样。

第六章　对管理层薪酬的治理

本章要点

1. 跨境并购加速，促使管理层薪酬治理的重要性增强

薪酬治理的基本内容是：管控管理层薪酬的性价比，对薪酬进行适当设计以激励管理层朝正确方向行动。在跨境并购中，收购方集团旗下的企业位于不同的国家，其历史和发展历程也各异，它们都将参与到整个集团的活动之中，因此有必要确立薪酬指导方针等管控体系，同时保持其有效性并加以改善。

2. 管理层薪酬指导方针和薪酬委员会的运营

应确定在集团内各公司的管理层职位中需要由集团来实施管控的对象，通过岗位评估，将管控对象职位分级，依据整体薪酬理念来设计今后薪酬体系应有的构架。同时，还要设计薪酬委员会、确定“何人以何种形式参与决策”等机制。

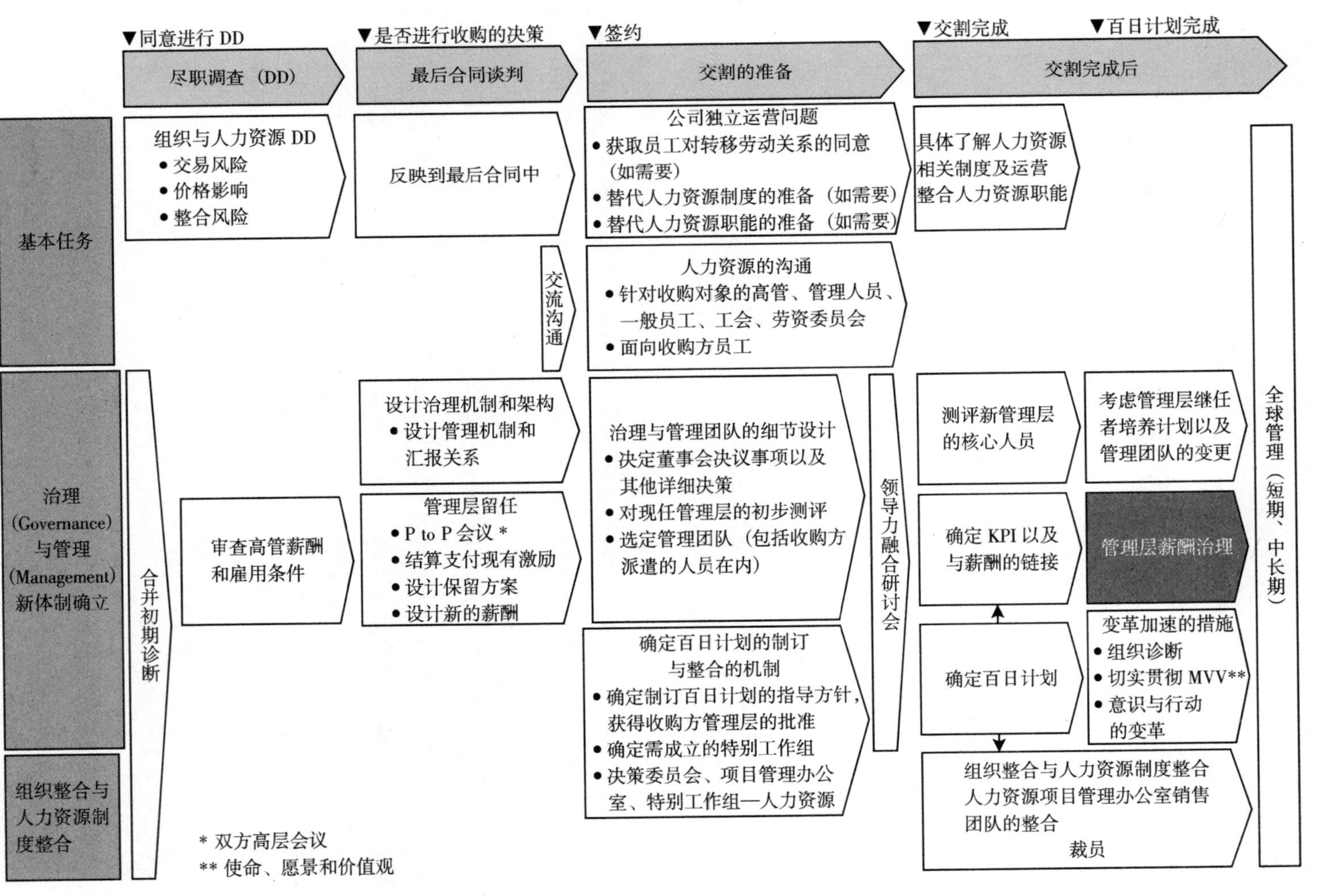
▼同意进行 DD
▼是否进行收购的决策
▼签约
▼交割完成
▼百日计划完成
尽职调查（DD）
最后合同谈判
交割的准备
交割完成后
基本任务
组织与人力资源 DD
• 交易风险
• 价格影响
• 整合风险
反映到最后合同中
公司独立运营问题
• 获取员工对转移劳动关系的同意（如需要）
• 替代人力资源制度的准备（如需要）
• 替代人力资源职能的准备（如需要）
具体了解人力资源相关制度及运营
整合人力资源职能
交流沟通
人力资源的沟通
• 针对收购对象的高管、管理人员、一般员工、工会、劳资委员会
• 面向收购方员工
治理（Governance）与管理（Management）新体制确立
合并初期诊断
审查高管薪酬和雇用条件
设计治理机制和架构
• 设计管理机制和汇报关系
管理层留任
• P to P 会议 *
• 结算支付现有激励
• 设计保留方案
• 设计新的薪酬
治理与管理团队的细节设计
• 决定董事会决议事项以及其他详细决策
• 对现任管理层的初步测评
• 选定管理团队（包括收购方派遣的人员在内）
领导力融合研讨会
测评新管理层的核心人员
考虑管理层继任者培养计划以及管理团队的变更
确定 KPI 以及与薪酬的链接
管理层薪酬治理
确定百日计划的制订与整合的机制
• 确定制订百日计划的指导方针，获得收购方管理层的批准
• 确定需成立的特别工作组
• 决策委员会、项目管理办公室、特别工作组—人力资源
确定百日计划
变革加速的措施
• 组织诊断
• 切实贯彻 MVV**
• 意识与行动的变革
组织整合与人力资源制度整合
组织整合与人力资源制度整合
人力资源项目管理办公室销售团队的整合
裁员
全球管理（短期、中长期）
* 双方高层会议
** 使命、愿景和价值观

1. 跨境并购加速，促使管理层薪酬治理的重要性增强

想要切实管控收购对象的管理层，薪酬问题很重要。当然，也可以认为“关键在于薪酬对于管理层的激励作用”。但薪酬中其实涵盖很多内容，应该有效运用薪酬各个环节所能起到的作用，否则可能会造成收购对象管理层的表现不及期待，或是与预期背道而驰。

管理层薪酬问题随并购活动的增加而愈加错综复杂

股东能对管理层行使权力的源泉在于其拥有的三项权限（人力资源三权）：任免管理层、对其进行评估并决定其薪酬。其中，难度最大的是决定薪酬，这是因为薪酬很大程度上受该管理层过去经历的影响。人事任免只要换人就能宣告解决问题，评估的机制则原本就是变化发展的，因此尽管这两项有难度，却都不如薪酬问题的难度大。

当然，决定薪酬的要素不仅仅是过去经历，还包括其他因素，例如针对什么、为什么支付（以招聘还是保留为目的）及市场实践（薪酬行情），这三大因素缺一不可。

此外，仅看支付理由、薪酬行情和个人经历还不足够。若没有一定的政策、原则，结果就会导致薪酬体系散乱，无法组建团结一致的管理层，也难以保证内部公平，今后要调整薪酬时也会有很多遗留问题。尤其是在跨境并购中，往往不得不在收购后暂时留用一线的管理层。既然要留人，就必须在现有薪酬的基础上设计收购后的薪酬，而且在收购进程中，设计的自由度往往不大。因此，在“以后”如何加以管控就显得更为重要。

如果实施了多个收购，从集团经营的观点来管控管理层薪酬就显得尤为重要。比如在北美地区开展了多个收购，那么即便各公司不进行组织结构整合，保持相对独立，也会需要考虑以某种程度的共通方式来管控管理层薪酬。

此外，出现一些情况后也会让人集中关注对子公司管理层薪酬的管控问题。

例如，实施大型并购或是集中实施多个并购后，海外子公司的重要性逐步凸显，如何加强对当地管理层的管控成为刻不容缓的问题。

为什么需要对收购对象的管理层薪酬进行管控

为什么需要对收购对象的管理层薪酬进行管控？最根本的原因在于，这确保了收购方所要求业绩的达成情况与其薪酬相互挂钩。也就是说，将经营计划分解成可考核的关键业绩指标（KPI），切实开展业绩考核。若非如此，薪酬就会沦为当地管理层的“本位主义”。

还有一种情况是，由于管控方（母公司或总公司）掌握的知识和信息不足，基于片面的信息和此前经历，即使当地管理层提出了利己的薪酬方案，管控方也无法察觉。

此外，如果薪酬管控无法生效，也可能发生对重要职位和人才未支付足够薪酬的“盲点化”现象。结果就是待遇不当，难以聘用和留用优秀人才。

如果没有“各人目前的薪金水平为何如此”的标准和规则，就会出现内部公平性欠缺的问题，那就无法提升管理层的干劲。

刚完成收购后，我们有时不得不基于以往惯例来决定管理层薪酬。因此，如果同一公司内的薪酬体系一直是混乱的，那么在某种程度上也会遗留这种混乱。而在和集团内其他公司比较时，薪酬体系自然也会显得混乱。有鉴于此，就出现了这样的问题：今后外聘管理团队或是从集团内部调人时，薪酬该如何设定？

笔者在此先讨论一下作为讨论薪酬问题前提的“职责”和“评估”因素。所谓“职责”，即担负怎样的业绩责任以及为此拥有怎样的权限，“职责”对薪酬水平和薪酬项目构成内容的影响很大。所谓“评估”，即以什么作为评估标准，以及如何设定具体目标。“评估”方式不同，薪酬也会大受影响。

通过设定期望履行的职责以及对评估方式加以管控，就能对各个海外子公司以及该国或地区管理层的薪酬和培养渠道进行更为恰当的管控和完善。

因此，收购方需要对所收购子公司的管理层薪酬（以及职责和评估）实施管控，纠正存在的问题，统一规则。

当海外子公司的性质与情况各有不同时，在统一的大原则下分别设定最合适的薪资体系有时也是实现管控目的的最佳方式。不过，在根据国家或地区水平制定了有关管理层薪酬的某种管控方针后，有人提出脱离该方针的薪酬方案时，收购方也可以考虑在要求该人做出切实说明的同时，通过今后让管理层离职或招聘新人等方式，谋求在中长期能够实现薪酬体系的统一。

管控的对象范畴

对海外子公司的管理层薪酬实施管控时，第一步应厘清三个要点：①对哪个子公司（分支机构）实施管控；②管控到哪个职级为止；③对薪酬的哪些部分实施管控（如图 6–1 所示）。

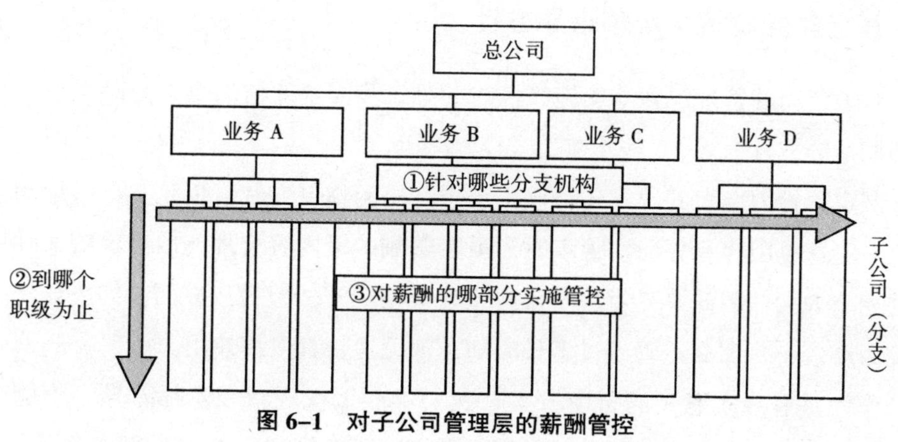

图 6–1 对子公司管理层的薪酬管控

从筛选目标子公司（分支机构）的角度来看，需要考虑目前情况下的业绩影响度和贡献度、在今后战略中所发挥作用的重要度、目前薪酬的合理性（如在实施收购阶段未能充分调查和讨论的子公司）等。

同时，不仅是对刚收购的子公司，而且还可以考虑把此前就负责相关业务的当地子公司也作为统一实施薪酬管控的对象。另外，鉴于当地子公司和刚收购的子公司的现状可能有所相同，有时也可以考虑先摸清现状，在了解薪酬现状之后，再对业务重要性和成本控制必要性高的子公司（分支机构）实施管控。

关于管控到哪个职级为止，如果非常了解各子公司（分支机构）的现状，就可以设定某种标准。但实际上在不少案例中，收购方对子公司的了解都未达到能够设定此类标准的程度。这时可行性的做法是：一方面横向观察薪酬管控对象的总人数；另一方面通过敲定是“包括‘一把手’在内的三个职级”，还是“对优先度低的子公司（分支机构）则仅包括‘一把手’”的方式，以便于设定筛选标准。

关于对管理层薪酬的哪部分实施管控，具体来说，要点在于是否包括福利待遇。一方面，从实施管控的宗旨来看，对于基础薪金、年度奖金、长期激励计划等这些报酬本身，我们首先必须切实把握现状。另一方面，福利待遇的内容多种多样，由于国家或个人情况不同，实际状况往往大相径庭。首先需要了解现状，基于现状分析明确是否管控。对于高管的养老金，也有必要事先充分掌握现状以及预测今后的发展（尤其是今后需要支付的成本）。随着国际会计标准的强化，该问题已经成为全球型企业的经营难题之一，是一个需要引起注意的重要问题。

制定薪酬政策及薪酬指导方针

对子公司的管理层薪酬实施管控时，第二步需要厘清的重点是制定薪酬政策及薪酬指导方针。

制定管控力度大的政策还是仅止步于宽松的指导方针，也是实际讨论的争论点之一。这是因为一方面，很多时候虽然薪酬政策内容合理，但目前的实际情况与之相差太大，因此终究无法与该薪酬政策相匹配。但另一方面，如果薪酬政策管控力度较小，那么不管经过多长时间，都无法让其发挥效用。

作为具有现实意义的折中方案，我们不能无视现状和实际差异，不能断言“丝毫不允许脱离薪酬指导方针政策”，但可以要求管理层就与薪酬政策不一样的情况做出充分说明来加以制约，并且可以探讨如何在今后通过一段较长的时间，促使薪酬政策趋于统一，目的是禁止差异化的特例增加，整体将向着符合薪酬政策的方向发展。

薪酬政策应涵盖哪些内容呢？首先要写明管理层薪酬的目的是什么。比如，支付薪酬的目的是“合理保障股东价值和支付薪酬的关系”、“让管理层保持合理的工作热情”、“留住优秀人才”等。明晰了薪酬目的就要讨论为了实现该目的应做些什么，还要讨论今后的薪酬举措是否有利于实现该目的。

其次要写明薪酬水平及其组成。设定薪酬水平，即确定参照对象是选用市场薪酬的中位值，还是高于或低于中位值。当然，薪酬政策并非脱离其他事项独立地存在，我们应当充分考虑公司目前在市场中所处位置和当下的业绩预期等，设定恰当的薪酬水平。

还需要注意的是，必须事前定义“市场（行情）”具体指什么，如何进行计算，即跟谁比，如何比。比如，如果管控方和管理层双方各自准备了“市场”薪酬数据，那么如果数据出现偏离，就难以统一双方的讨论出发点。当中国企业并购海外企业，尤其是人力资源管理体系相对成熟的海外企业时，有的公司会依据自己设定的标准筛选对标公司，由于中国企业不了解海外市场，其标准可能会与中国企业有很大差异。

所谓“薪酬组成”，指的是如何搭配组合［如之前所讲述的基本薪酬、年度奖金、长期激励计划和其他项目（养老金、津贴等）］以实现薪酬目的。我们需要观察薪酬的特征是固定的还是与业绩挂钩的、其目标期间是短期的还是中长期的，然后探讨符合薪酬目的的恰当的组合方式。

此外，还有必要说明确定薪酬各组成要素比例的原则。比如，企业处于发展上升期时，虽然薪酬整体是以市场中位值为目标的，但可以通过降低基本薪酬比率，提高绩效薪酬比率的方式，激发管理团队创造业绩的动力。相反，如果业绩周期变化较强，例如为了展开经营不得不对某些资产进行投入，那么也有对绩效薪酬比率略作下调的先例。

有关薪酬组成要素的政策中，有时也写明评价方式。例如，年度奖金的50%由全公司财务指标的完成情况来决定，余下的50%则由个人目标的完成情况决定。此外，为了增进团队合作，有时会将一些公司层面的财务指标作为管理层共同的指标。

设计运用方法和程序

对子公司管理层报酬实施管控时，最后要厘清的是如何构建和运用管控体系。除了要纳入管控范围的目标管理层，还可能包括总公司的薪酬委员会、业务主管、人力资源部门等，甚至还涵盖地区总部、当地各子公司的薪酬委员会、CEO、各管理团队（即薪酬管控对象）、人力资源部门。我们有必要设计他们各自的职责、参与时机以及整体流程。包括由谁在何时进行薪酬提议，作为参考基础的市场薪酬数据由谁通过何种方式获得，业绩评价在何时通过怎样的程序加以确定等。

2. 管理层薪酬指导方针和薪酬委员会的运营

并购海外企业后，起初会让收购的子公司分别独立运营，但随着收购企业的增多，从业务上看将会迎来必须统筹运营多个子公司的阶段，例如需要统筹运营位于北美或东盟地区的多个子公司等情况。

届时可以把此前是独立公司的多个子公司合并为一家公司，也可以仍然让它们作为独立法人，但在其上设置控股公司或区域中心，统筹全局开展运营。

业务看起来与薪酬状况无关，可以统筹运营，但实际上，在目标设定和评价方面，薪酬与业务是一体的。如果薪酬体制不恰当，就无法如愿聘用和留用优秀人才。但若因此而完全满足个别人员的薪酬要求，则会引发内部公平性失衡，导致薪酬的“个人本位主义”。另外，收购方有可能对判断目前各公司的薪酬是否妥当也并无足够的信息和信心。因此，我们需要在合并前就着手考虑薪酬管控问题。

如何整合这些散乱的薪酬体系，才能实现对管理层薪酬的管控呢?

根据组织结构明确各岗位的职责

全球通用的思考方式是，根据岗位的职责大小来支付薪酬，向坐在高职位“交椅”上的人，支付符合该“交椅”价值的高薪。

当然，如果不让有实力的人坐上高职位“交椅”，业务就无法顺利展开。因此也可以看成，无论是对岗位还是对人进行排序管理，最终结果都一样。不过，全球绝大多数国家均采用对岗位排序的方法，是因为测定岗位序列的方法已非常完善。也就是说，该方法更加客观和便于解释，也容易与薪酬数据相匹配。

采用专业手法[①]就能够超越组织和公司的框架，评估与比较各把“交椅”的序列。这是厘清散乱薪酬体系的基础。具体来说，就是衡量随着业务整合而希望

---

① 美世咨询 Internatioal Position Evaluation（IPE、职位评估）等。

一体化管理的各个经营岗位的职责大小，然后将衡量结果与向该职位任职者支付的薪酬结合起来进行梳理。

图 6–2 是整合运营业务的组织结构示意图，从中可见组织的治理幅度和职级结构。在 L–1 位置上有 3 个职位，可视作实施整合前 3 个公司的 CEO 职位。

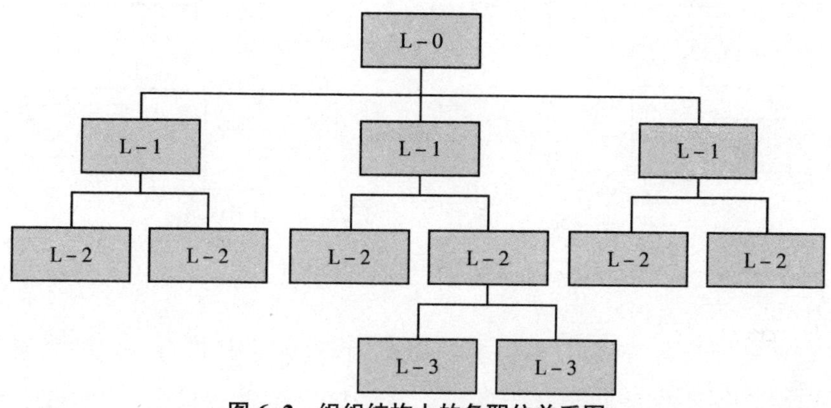

图 6–2　组织结构上的各职位关系图

实施整合前，这 3 个公司基本上是同一层次的企业，这种情况很少见。实际上通常是 3 个公司有大有小，在各自组织结构图上显示为同级的职位其实很难被认为是同级的。

因此厘清现状的第一步就是运用之前所阐述的专业手法，评估各个岗位的职责大小。图 6–3 是分析结果的示意图。图 6–2 中一线横排的职位在通过专业评估后反映出，显然事实并非如此。

这种对各个岗位职责大小的评估就是对所负责任大小、其对组织的贡献和影响度等综合因素的评估，自然受到组织规模（责任范围）和业务大小的影响。因此，我们需要巩固整合组织的上层结构，明确哪把“交椅”需要负责哪些责任。当然，组织的上层结构不是因人而定，而是根据业务需要加以确定，这是一个重要的原则。

在考虑职位意义和薪酬运用的基础上设计职级

我们需要对各个职位进行合理分组，大致划分各个“职级”（Grade）（如图 6–4 所示）。划分职级的目的可大致分为以下三种。一是把各种各样的职位

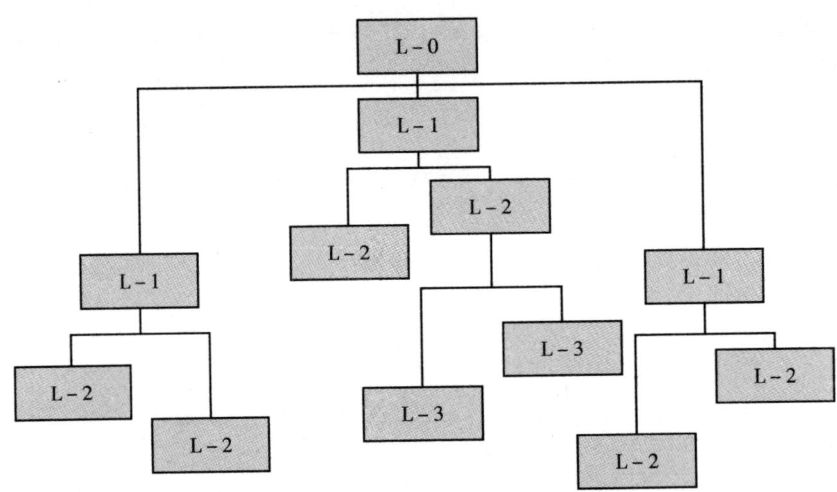

图 6–3　各职位职责大小的实际情况

集中汇总到某种具备管控可能性与可理解的程度，令其带有一定的意涵和层次感。通过把一个个岗位归为几大职级，就能区分调动（横向）和升职（纵向）框架。

二是我们还可以对职级的意义做出解释或整理。例如，可以规定某个职级的意义是“基本上要求负责多项业务和职能，如果是大型、复杂且重要的业务和职能，则即使仅负责一项，也视作与前者相同”。这样一来，管理层的职业生涯途

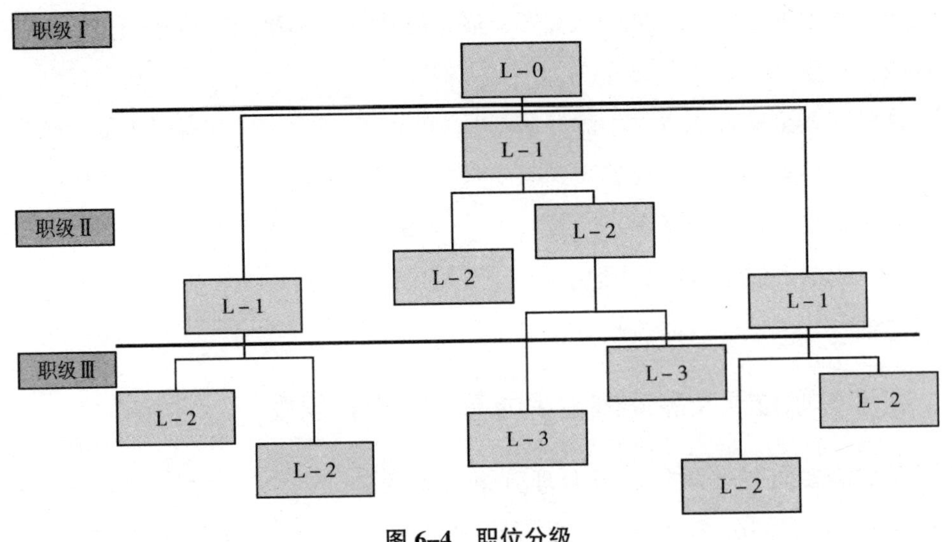

图 6–4　职位分级

径就变得更加清晰。这种职级划分还有助于有计划地培养管理层以及推进各个职位的后继人选培养计划等。

三是保障内部公平性，同等对待属于相同职级的职位，同时留有一定的空间让实际业务中的运用变得容易起来。也就是说，如果制度上过于严密和强调细微差别，那么即使稍微变更一下组织结构或是人事调动都会很困难，因此为了避免这种困境，需要事先进行恰当的划分，以便在不损害划分职级目的的前提下加以简便运用。

图 6–2 纵轴上的位置是根据专业评估确定的。被划入同一职级的各个岗位“被视为级别相同”，因此有必要好好思考如何给职级划分界线。这是因为职级划分决定了哪些职位能够参加某个重要会议，而且职位在分界线上方还是下方也关系到薪酬的考量方式。

实际上，职级的划分方法并非有无限选择，而是需要通过共享讨论分析最后找到合适的方案。这一点东西方都一样。

实际划分职级时，如果脑海中浮现出有意让其出任某个职位的人的面孔，那么讨论就会变得混乱。很显然，此事不能加入现任者的个人要素。我们只要设想“如果让别人坐上这个职位，那结论是否会有不同”，就很容易理解这一点。

按职级设计总览全局的薪酬体系

下一步就是按照不同职级，系统化设计薪酬体系。所谓“设计”，就是要明确薪酬水平、要素、各要素构成比、评价指标等。

进行设计的大致流程如下。首先确定每个职级的目标薪酬范围，其次确定基本薪酬和年度奖金（STI）的比例，根据占基本薪酬的比例来确定 STI。职级越高，STI 比例越大，激励空间越大。

在海外发达国家实施并购时，很多案例需要设计在哪个职级导入长期激励机制（LTI），以及导入 LTI 时的方式和水平是什么。与 STI 相同，设计时通常职级越高，LTI 比例越大。

评价指标可以使用作为评价对象的业绩范围来加以划分，比如分为整个集团的业绩、自身管辖部门的业绩、自身管辖部门的定性目标、个人的定性目标等，设计它们在每个职级的构成比，总和为 100%。通常大多在设计时要考虑责任范围和经营自由度，职级越高，与整体集团业绩挂钩力度越大。

以上就是设计薪酬体系的大致流程。在涉及实际工作后会发现，这不仅是把浮动范围的中间值设定为“相当于市场行情中位值”，还是设定得“略高于市场行情”的问题，更重要的是“与什么进行比较”的问题。若是跨国集团，则市场行情不同的情况很多，就会出现“对澳大利亚和新西兰的管理层薪酬行情是否要区分开来考虑”的问题。

此外，仅一个“薪酬市场数据”就存在各种各样的数据，因此事先讨论并决定“选择怎样的公司作为比较对象”、“数据来源”这些事宜都是需要考虑的重要因素。

超出薪酬范围时如何处理

如何选择上下限距离中间值的幅度，也是一个要点。若幅度设计过小，则部分现任高管的薪酬就会超过上限，结果导致这些人丧失加薪空间。相反，如果幅度设计过大，收购方希望在一定范围内管控薪酬的目的就很难实现。

薪酬超出范围上限就降薪，这可能会导致该高管立即辞职，因此在实际业务中很难这么做。有的雇佣合同会规定，如果下调基本薪酬后该人辞职，公司方面就需要支付高额离职补偿金（Severance）。尽管这些都是在收购时理应调查和处理完毕的事项，我们也需对此加以注意。有鉴于此，在整合薪酬水平这个方面，有时也只能等待相关人员自然离职来解决问题。

制定薪酬指导方针，对于今后有内部晋升或外聘人才的并购案而言，则能够发挥管控作用。随着内部晋升、外聘人才的实现以及现任高管的陆续离职，一段时间之后整体情况能够逐渐达到有效管控的状态。

相反地，也存在现任高管薪酬低于设定范围下限的情况。有些收购方在处理时，会在下次调整薪酬时将其一次上调至薪酬范围的下限；但不少收购方采取的办法是：在看清该职位重要性和本人表现之后再做出决定，可能会考虑逐步提升的方式。

如何看待不同国家高管薪酬差异

随着中国企业海外并购所覆盖的国家范围越来越广，很多企业发现其所管控的高管的薪酬不论是从结构上还是水平上在不同国家之间存在一定的差异。有时总部的高管薪酬甚至远远低于被收购公司的高管薪酬，这是由于不同国家生活成本差异，某种程度上也是不同国家文化（如对风险薪酬的接受度等）的差异的一种体现。正如在同一个国家内也可能由于城市的发展及生活成本差异等导致薪酬水平存在差异，某种程度上这种差异的存在是客观合理的。因而前面所阐述的薪酬竞争力分析及结构设计等需要考虑合理的地方差异，除非公司希望建立这样一个国际化人才团队，这些人员可能长期被公司派遣到不同国家，其间享受所谓的国际化薪酬，不论到被派遣到哪个国家薪酬均保持不变。

但实际情况是，往往这种差异导致了总部管理层的不平衡，因为不论从总部的职责还是对于集团公司的影响和贡献等角度来说都大于被收购的公司管理层岗位。然而有些差异可以通过职级的不同进行弥补（如总部的管理层岗位由于其岗位价值高而定位的职级较高），而有些差异（如地区生活成本差异）是合理存在的。作为国际化企业应该以全球视角制定相应的政策，既体现统一原则保证内部的公平性，又适度反映地区的差异以有效吸引和保留当地人才。

如何设计和运营薪酬委员会

有些国家的法律法规要求必须设置薪酬委员会（Remuneration Committee，REMCO）。没有硬性规定时，很多时候公司为了明确决定薪酬时的责任和程序，也会主动组建薪酬委员会。

薪酬委员会的职责虽然根据其管控的经营职位数量多寡而不同，但往往会张弛有度地开展工作：对高职级的经营职位（CEO 等）切实实施薪酬目标设定、评价和金额批准等权限；但对低职级的经营职位则可能仅限于审批结果。这是基于效率的考虑，即低职级经营职位的目标设定、评级和薪酬金额批准由 CEO 等实施。

除上述每年例行的活动，薪酬委员会还发挥着检查制度运用情况，提议、讨论或批准修改制度的作用。

薪酬委员会的决策工作由董事会任命的委员执行，但委员会有时会邀请了解业务与组织，或是掌握每个管理层实际情况的人力资源管理负责人参加会议，有时也会聘请外部专家作为顾问加入委员会，以便让其提供具有持续性的市场数据，或是促进更高层次的讨论。

由此可见，比起完善薪酬委员会的形式来，如何确保正确恰当地实施目标设定、评价和决定薪酬才是问题之所在，是需要我们发挥聪明才智之处。

第七章　组织整合

本章要点

1. 整合模式

整合模式可分为不同类别，每一类又分别有与其相对应的交易后整合(PMI) 的蓝图。在刚开始探讨并购的阶段，此交易属于哪一种整合模式很可能就已明确了。在组织及人力资源尽职调查中，需要进一步确认整合模式，并且分析需要注意的事项。

2. 整合原则

设计整合方案和计划之前需要依据业务定位及整合目标明晰整合的原则，通常有几个重要的因素需要考虑：内部公平性因素、差异化因素、成本与效率因素等。明晰整合原则能够最大程度地确保整合的客观性，避免在此过程中的利益不均衡。

3. 组织整合的流程以及对整合的管理

对组织整合的探讨从组织的最上层开始，逐级往下推移。根据业务战略，先决定组织的上层构造，之后由被任选的管理人员在各自负责的业务范围内决定具体架构与人事安排。

4. 克服阻碍组织整合的主要因素

为克服在整合初期诊断以及组织和人力资源尽职调查时发现的阻碍组织

整合的主要因素，在整合中应以业务改革为依据，通过沟通交流来逐步改变组织的实际情况，并在慎重判断后进行人力资源整合。确保组织能力和领导能力是整合成功的关键。

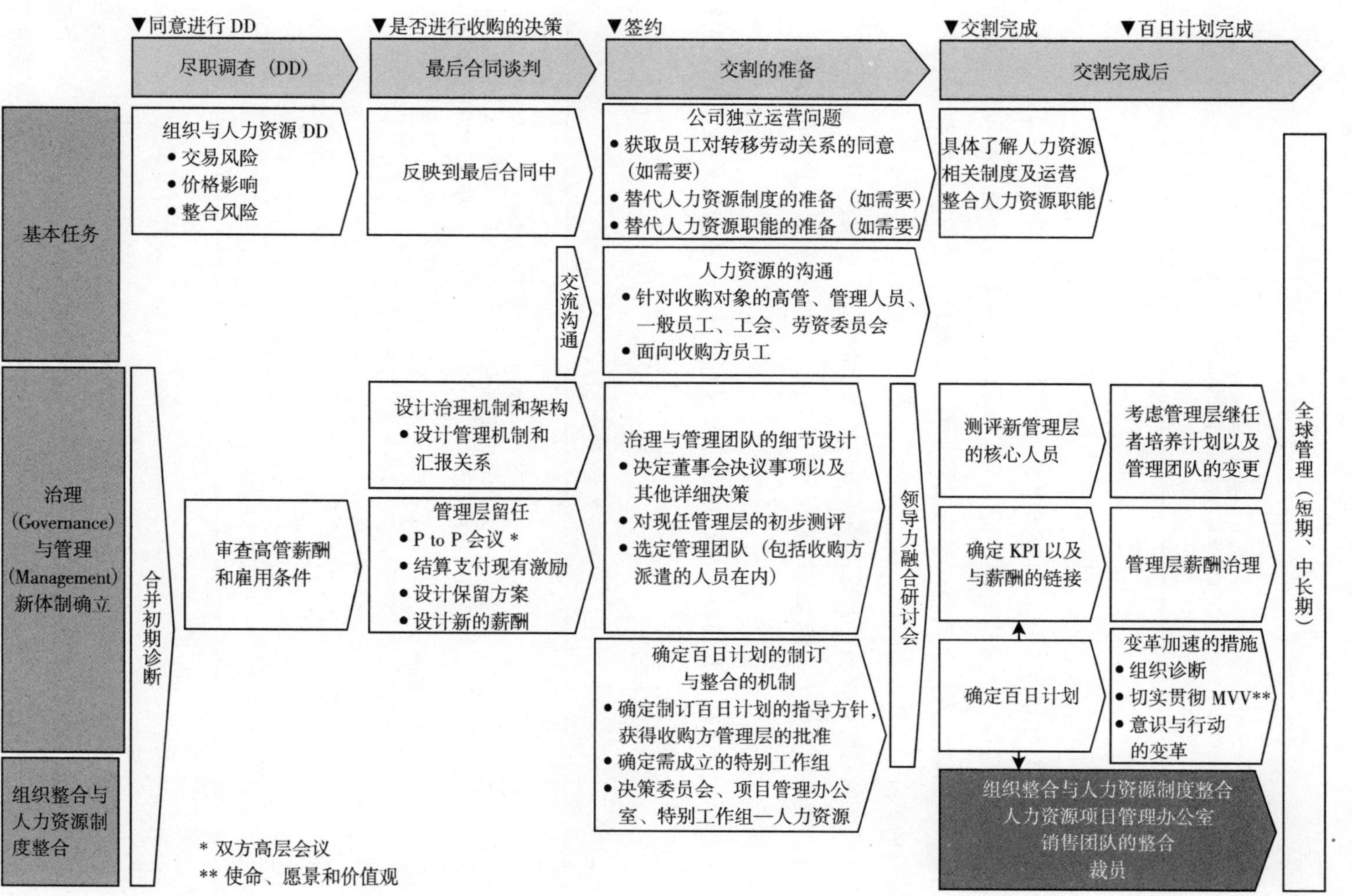
▼同意进行DD
▼是否进行收购的决策
▼签约
▼交割完成
▼百日计划完成
尽职调查（DD）
最后合同谈判
交割的准备
交割完成后
基本任务
组织与人力资源DD
•交易风险
•价格影响
•整合风险
反映到最后合同中
公司独立运营问题
•获取员工对转移劳动关系的同意（如需要）
•替代人力资源制度的准备（如需要）
•替代人力资源职能的准备（如需要）
具体了解人力资源相关制度及运营
整合人力资源职能
交流沟通
人力资源的沟通
•针对收购对象的高管、管理人员、一般员工、工会、劳资委员会
•面向收购方员工
治理(Governance)与管理(Management)新体制确立
合并初期诊断
审查高管薪酬和雇用条件
设计治理机制和架构
•设计管理机制和汇报关系
管理层留任
•P to P会议*
•结算支付现有激励
•设计保留方案
•设计新的薪酬
治理与管理团队的细节设计
•决定董事会决议事项以及其他详细决策
•对现任管理层的初步测评
•选定管理团队（包括收购方派遣的人员在内）
领导力融合研讨会
测评新管理层的核心人员
考虑管理层继任者培养计划以及管理团队的变更
确定KPI以及与薪酬的链接
管理层薪酬治理
全球管理（短期、中长期）
组织整合与人力资源制度整合
确定百日计划的制订与整合的机制
•确定制订百日计划的指导方针，获得收购方管理层的批准
•确定需成立的特别工作组
•决策委员会、项目管理办公室、特别工作组—人力资源
确定百日计划
变革加速的措施
•组织诊断
•切实贯彻MVV**
•意识与行动的变革
组织整合与人力资源制度整合
人力资源项目管理办公室
销售团队的整合
裁员
* 双方高层会议
** 使命、愿景和价值观

1. 整合模式

人力资源整合经常被简单地视为一个具有明晰行动方案、责任人、预期产出和时间节点的计划。实际上人力资源整合的难点在于如何整合才能真正帮助企业实现并购目标，达成应有的协同效应。所以在着手制订计划之前我们应该先回答一个问题：为什么整合？整合要帮助企业实现什么目的？因为整合本身不是目的。

并购的目的有很多：实现市场扩张，扩展产品线，产业结构升级，增加智力资本，提高生产能力，扩大组织规模等。不同的并购目的决定了整合的目的及整合力度。

整合的难度在于并购公司与被并购公司的差异程度，通常从规模上及管理体系的差异上存在以下几种情形（如表 7–1 所示）：

表 7–1　整合类型

情　形	情　形	特　点	整合关注点
情形 1 A > B	购买方主导且管理能力高于被并购方	整合目标比较明确，跟购买方尽量一致，保持内部的公平性，倾向于操作管理	需要明确购买方的整合目标，整合程度和时间，明确购买方和被并购方的差距，制定阶段性整合方案
情形 2 A = B	并购双方管理能力相当,但管理理念可能有所差异	整合目标不是很明确，缺乏主导因素，需要平衡多种因素制定整合方案	需要明确并购双方的差距，整合理念及目标，找到平衡点：依据整合目标，更多关注成本、员工士气及公司形象等
情形 3 A < B	购买方主导但管理能力低于被并购方	整合目标不是很明确，主要整合关注点是管理理念及文化整合，更多是松散管理	前期更多需要了解被并购方的现有体系和制度，主要对宏观要素进行管控，如：人工成本、人力资源规划等

针对情形 1 的案例：

一家美国公司并购中国民企，双方在管理理念及薪酬福利定位上有较大差异，最突出的差异体现在薪酬福利上。美国公司薪酬市场定位为 50 分位，个别序列定位在 75 分位。而被并购的中国民企薪酬普遍低于市场 25 分位。管理理念的差异体现在人力资源管理政策上，如差旅政策。美国公司对于差旅期间用餐标准界定为视同在居住地和工作地，而被并购的中国民企对于不同级别不同地区均规定了细致的差异化的标准。鉴于这些差异，并购方决定有针对性地进行整合，如交易后销售团队被完全整合，因而所有销售团队的薪酬福利待遇保持一致，但由于成本因素，决定采用阶段性整合方式，逐步实现一致性。对于在不同地点和生产不同产品的工厂，薪酬待遇基本维持现状，结合市场调研，待生产效率提升后逐步提高。但对于体现公司关怀及公平性的福利，如生日礼物、长期服务奖等，则采取一步到位的方式。

针对情形 2 的案例：

一家总部位于美国的全球大型药品制造商并购另一家全球化医疗公司以减少畅销药专利即将失效对其经营的困扰，美世参与两家公司的薪酬福利整合。该案例的挑战是两家公司均为历史悠久，有着独特品牌效应的公司；公司的薪酬福利策略及理念有较大不同，一家公司强调较高的薪酬定位，另一家公司则是福利导向。问题的关键是如何做到在成本没有显著增加的前提下强化内部公平性，以确保整合期保持员工的敬业度。美世同业务领导进行深度访谈了解业务背景及整合目标，明晰了从人力资源的角度如何协助企业实现协同效应；同双方一起探讨整合理念及原则，并进行一对一比较分析，找出差别并明晰整合力度。依据上述阐述的整合原则：内部公平、差异化及成本因素，以整体薪酬为出发点，逐项进行对比并提出建议，对不同方式进行成本分析。最终通过详尽的整合计划，强化内部公平性，同时实现成本有效性，强化雇主品牌，在过渡期保持员工的敬业度。

针对情形 3 的案例：

一家中国企业并购加拿大一家历史悠久并具有一定品牌知名度的企业，两家公司在管理理念及薪酬福利等方面有较大差距，体现在多个方面，例如，中国企业依然沿袭职务等级，职级层级较多，而加拿大公司职级相对扁平，一般管理层不设置副职及助理岗位。中国企业年资是决定晋级及薪酬提升的主要标准之一，而加拿大公司实行以岗位价值为核心的职级体系及薪酬理念。双方各自的薪酬定位也有较大差异，员工发展及选拔标准有所差异。加拿大公司是一个完全市场化的公司，高管激励主要与市场导向的指标挂钩。鉴于两家公司管理理念的较大差异，考虑到双方在业务、目标市场的重合度较小，在人力资源整合方面，我们更多地建议中国企业对被并购公司进行战略管控，进行全面摸底，包括人力资源政策、效率、人工成本及员工敬业度等，做到心中有数，为日后管理决策提供有力的信息保障，进而对关键人力资源指标进行监控。

在明确了整合目的后制订整合计划时有三个核心要素需要掌握：

要素一：人力资源整合要依托于业务目标。企业要实现什么样的目标？要达到什么程度的协同效应？企业要达成这样的业务目标，人力资源需要在哪些方面进行整合？整合的力度是多大？

要素二：明晰人力资源整合的相关性及逻辑顺序。典型的事例为两家公司要进行薪酬福利整合，发现各自定义的薪酬福利享有级别不一致，因而职级体系的整合需要在薪酬福利整合之前完成。

要素三：时间久但影响力度大的整合行动需要尽早开展。典型的事例为文化整合及员工敬业度的提升。这种整合涉及意识的转变而且需要的时间要久，因而越早介入越好。文化差异是一种无形的影响力，体现在人力资源管理的方方面面。

综上所述，整合计划的制定是需要紧密结合企业并购的目的，平衡多种因素，考虑多种要素，整体平衡的一门艺术。

2. 整合原则

从人力资源管理的角度看，设计整合方案和计划之前需要依据业务定位及整合目标明晰整合的原则，通常有几个重要的因素需要考虑：内部公平性因素、差异化因素、成本与效率因素等。应明晰整合原则能够最大程度地确保整合的客观性，避免此过程中的利益不均衡。

(1) 内部公平性因素：对于同一业务单元又同处一个办公地点的团队，人力资源政策和待遇要一致。两家公司的人员整合为一个业务单元，在同一个办公地点，难以想象人员待遇不同可能带来的后果：由于不公平待遇导致的人员流失、士气低落，甚至劳动诉讼等。对于即使不在同一办公地点同一团队工作的员工，有时对于影响员工士气及敬业度的项目也要进行平衡，如公司的长期服务奖。在公司并购后，不可能只认可一个组织员工的长期服务奖，如体现公司关怀的津贴、节日津贴等显性福利。

（2）差异化因素：不是提及整合就意味着“大一统”，整合不是简单的统一，有些差异化因素是存在并合理的，如地域差异、岗位性质差异等。同样是工厂，由于位置不同（中国不同级别的城市），生活成本有所差异，因而由于区域差异导致的薪酬福利差异是合理并可接受的。另外，不同的岗位序列有自身的特殊性，如特殊的销售激励政策、反映生产团队生产特性的津贴、特殊的研发奖励机制等。这些差异是可以延续保留的。

（3）成本与效率因素：不是为了整合而整合，如果双方的薪酬福利理念及其待遇差别较大，除在基于上述因素基础之上分析整合的必要性和力度之外，还要平衡成本因素。在被并购公司人员效率没有提升、职责没有发生变化的情形下，进行大幅度的刚性成本提升不会起到整合的目的。对于必须进行整合的项目可以考虑一步到位或是有待效率及效益指标提升的过程中逐步提升的方式。

3. 组织整合的流程以及对整合的管理

组织整合需要消耗成本，此外还需要进行一系列行动，包括筛选管理层的候选人、整合公司内部制度、搬迁办公室等，还可能出现改用新组织的工作方式带来的不习惯、混乱，以及准备阶段考虑不够周全等方面发生的问题。如果造成很大的不良影响，会影响员工的情绪。

我们首先需要弄清楚的一个典型问题是“为什么进行这个交易？”如果无法通过销售额、成本、现金流等方面对并购的投资回报进行解释，就没有进行并购的必要。其次整合的目的和力度也取决于业务并购目标，是否以及多大程度上能够协助组织实现协同效应，进而实现并购目标。

组织整合应从“头”开始

组织整合往往受到“当地的事务应交给当地负责”这类想法的牵制。此种想法大概是认为对于一线的事务，知道实际情况的当事人能够做出最佳判断，即“当地最适合=全体最适合”。但是，后文将论述，涉及被并购公司“自身重大利益”的问题不能全权交由当事人。因为一旦当事人完全从自身利益出发就很难做出客观的决定，即使出于力量上的优势迫使其做出决定，也不能保证是合适的决定。

组织若不首先决定其上层架构、人事任选，就很难顺利决定其后走势。由于经营问题在讨论中是很难明确判断优劣的，因此这一决定往往会变得很重要。

另外，管理团队也具备多样特征，有时可能会带有本人意志以及利益纠纷的浓重色彩，这两者的组合得出的结论就有更多的可能。如果存在绝对权威的股东（总公司），就容易做出决定，更早开始并集中开展针对整合本身主题的讨论。若双方力量相持不下，就需花费大量时间进行讨论，才能做出决定。

但是，由于短期内很难对于组织实现中央集权式的可行性分析、找到设计上的最优解，因此不能让经营方一直作为领导。应在某一时点实现转换，选择掌握实际情况的责任者，由其设计方案，这才是现实的做法。

也就是说，决定好整合组织的“头”部构造以及人事安排，然后将剩余的事情委托给被选择出来的“头”。

很明显，若由当事人讨论决定上层架构，会花费大量的时间，因此需要依靠并购方的力量来强力推动。反之，其余事情则对于并购方来说太过琐碎，即使是重要细节的确认等也基本上都是交由管理层来处理。

组织运营结果能否真如负责人所希望的那样，除了其本人的能力是否相匹配外，关键还在于干劲。因此，即使得到其对于成功的同等承诺，“在组织、人事方面任人摆布”与“在组织、人事的重要问题上被征求意见且意见得到采纳”，这两种不同情境下，其实际的投入情况完全是不可同日而语的。这也是需要从“头”探讨此问题的原因。

接下来，就如何从“头”进行组织整合的问题进行说明，整体流程可见图 7-1。从本质来说，不论是一方主导型还是双方“均势”都是如此。换言之，虽然理所当然要明确并购方的想法，但在企划、实施中还需注意在重要部分灵活运用被收购方的智慧，不然就难以顺利进行。

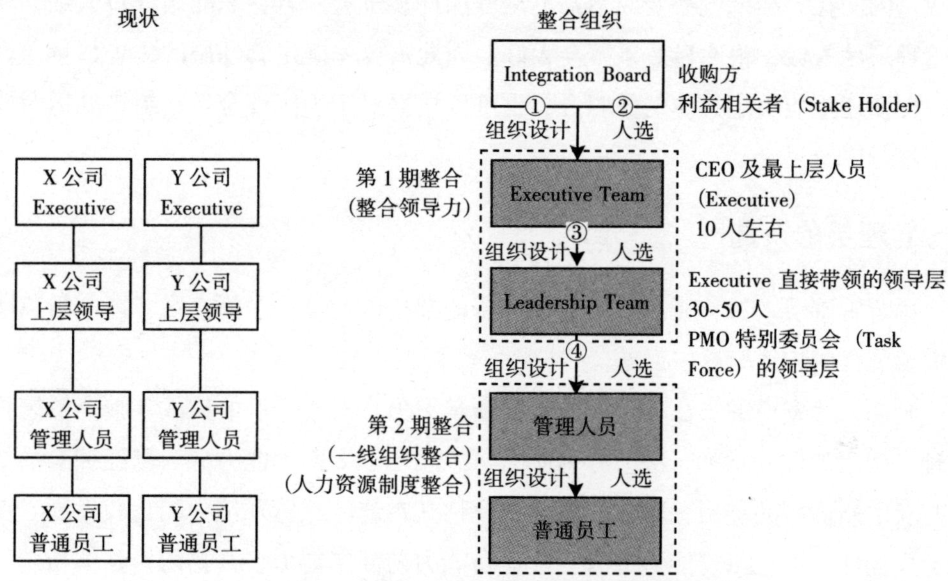

图 7-1　对 X 公司与 Y 公司进行组织整合的推进方法

（1）决定组织架构的顶层：执行董事长所领导的管理团队应该承担怎样的职能？管理层应该由几人构成？其下一层级的组织大概应当是怎样的？组织部门应当按职能、业务、区域还是按顾客划分？若是要像总部那样设置管理总部，应该针对哪部分来设置？这些方面都应按照经营战略、运营状况来探讨。

（2）确定管理层的具体人选决定具体在哪个管理层职位安排哪个人、谁比较合适。

（3）管理层的成员确定自己的组织各个管理层的成员组成讨论组来设计其所辖的组织构造并决定该部分的干部人选。

（4）其后的组织整合由任命的干部领导实行：在有限时间里极尽所能研究出组织整合的目标与详细计划、具体步骤等。

决定组织的顶层构造

在该阶段应讨论管理层内部需为哪些职能设定几个位置。其关键在于，将请谁担任先搁置一旁，根据业务的本来性质，从组织整合所要实现的战略出发，做出逻辑判断。

先决定位置数量的重要性在于，若事先脑海中浮现出整合前两个组织的管理层成员的面孔，结果就会变成不知不觉增加许多位置。若将职能划分得太细，增加管理层的人数，很明显效果不会太好。因此需要先确定管理层的位置数量与职能，即使还不能决定具体的任职者，也可以根据对于组织整合后新组织的运营模式来进行广泛议论。

管理层的人选

确定管理层人选首先需要决定管理层的架构以及分工。换言之，即“精英团队需要怎样的人才”这一问题。

判断人才资质的方法，重要的是判断其潜力，对于今后的挑战，他能够怎样处理、做出怎样的贡献。潜力分为能力与意志两个方面，能力分为已经拥有的能力与获取新能力的能力，因此应当切实评估其在新的经营环境中的自我发展、变化适应的能力；也可将能力分为日常运营能力与开拓能力，开拓能力具体指组织整合的经验和变革管理的经验。综合起来就是要仔细考察自我发展的潜力。

此外，即使简历上写着具备组织整合的经验，也不表示其在此过程中发挥了领导力，因此必须确认其具体的行为事实。相比了解其管理想法，确认其事实行为更为重要。

如果是类似的高水准的组织间组织整合，两公司的管理层里都有曾经担任过类似职能的成员时，很容易变成在两方中选择哪一方的问题。不论其结果如何，都应当选择整合组织真正需要的人才。但是，也不能忽略两个组织的员工、交易方、客户等方面将如何看待这一结果，有时会兼顾多方面因素进行考虑。

在这些方面，虽然由于信息不足容易造成误判，但即使全面分析，也难以保证得出的结论都是合理的。应当根据评估结果进行判断。

决定组织下一层级结构与干部的人选

在这一阶段，领导整合的精英团队成员已定，因此关键在于他们如何制定自身分管的组织的下一层级构造方案。

带领讨论的每个管理团队成员，应当把握两个组织及管理人员的现状。把握组织现状通常通过访谈、调查，通过既存的人力资源信息（业绩评价、本人的志向、评估采访、360 度调查、人才成长状况记录等）掌握管理人员情况，综合考虑这些并结合新组织成立时的状态，确定上层干部的人选。

很多情形下讨论时间有限，在紧迫的时间里，必须先确认最低程度需要掌握的信息。例如，如果决定至少要访谈，就有必要在访谈前确定访谈时要确认哪些信息、以何种方式来判断等。

对于管理层成员确定的组织下级构造以及其上层人选方案，需在由 CEO 主持的会议上进行审核通过。并购方也需要以“给予批准”等形式进行确认。

实施一线的组织整合

接下来是最大的工程，基本上涉及管理的所有领域。组织整合的解答必须是极为具体且正确的。此处也是最需要灵活运用一线的知识和见解之处。

通过 BPR（Business Process Re-engineering）等，决定业务架构以及设计对其起到支持作用的组织（构造、职能、人数）。“反正要在时限内完成整合”的这种做法，会变成只是形式上的整合，必然无法得到期望的效果。

4. 克服阻碍组织整合的主要因素

首先，简要回顾阻碍组织整合的主要因素。例如，若是两公司的员工在劳动力特征（年龄、司龄等）上存在很大差异，语言与文化不同，业务内容、为客户提供的价值以及需要的技能表面相似实际却存在根本性差异，价值观不同等，都会变成阻碍因素。同时，如果被收购的公司原本作为独立集团的身份认同与自尊心很强，对于过去存在激烈的竞争关系耿耿于怀，无法互相认同、怀有好感，都会发生问题。也就是“差异较大会产生阻碍”，这些都可以直观感受得到。

实际上在此之外也有别的阻碍因素，概括来说这就是组织在整合方面的能力。

组织整合绝不是只要严格按照既定的计划执行、按照进程表与路线图推进、报告困难就可以继续推进的，而是有很多经营层面、现场层面的问题需要解决。

换言之，组织整合方面的组织能力归根结底是领导力的问题，是支持系统与经营资源如何使领导力有效发挥的问题。领导如若误判形势，不能击破反对派和观望派，将整合向前推进，那么无论进行多么完善的整合进展管理都无济于事。

即使是在一方主导型的情况下，并购方的立场为压倒性，并且确立了组织整合的方法和原则，面对扑面而来的各种问题，若不发挥领导力就很难推进组织整合。此时就必须设定短期内组织整合的目标，整理出调整的内容，并在组织内动员解决这些课题。若是缺乏解决这类问题的组织能力，那么只要遇到一点点阻碍因素，组织整合就无法推进。

克服阻碍组织整合的主要因素之一：人力资源与企业文化方面的差异

必须深入挖掘劳动力特征（年龄、司龄、国籍、信仰等）、文化、语言的差异中，哪些是会对组织整合造成真正阻碍的因素。按照该组织明确的规则工作，某种意义上说是识别出这些阻碍因素进行调整，只要依循“合理且明确”的规则，那么年龄等差异都不再是问题了。

完善整合原则中不合理的部分、明晰模糊的部分，虽不简单但并非不可完成，而企业文化的整合才是更重要的问题。

说到企业文化，在使用这个具有广泛含义的概念时，若不清楚问题是什么，就无法进行具体工作。换言之，对于企业文化这一概念，不同人的认识也各不相同，因此很难认识问题的实际形态。所以必须从大量的事物现象中努力找出真正的问题。

实际上，理想的做法是在组织整合前，对企业文化差异的存在、差距的大小等进行诊断，明确应当改换什么样的思维方式、行为方式。

应当打破“企业文化”的束缚，从以下方面进行监控：“组织需要的表现（努力）是否付诸”、“组织希望的具体的思考方式、行为方式是否在不同部门间、不同阶层间确定”、“能够促进组织希望的具体的思考方式、行为方式的工作已经进行到什么阶段，是否有效运作”。进行组织诊断以及变革管理是重要的保障。

当然，对于员工是否掌握所希望的思考方式、行动方式，需要提供对于员工个人的指导及监控，采取将个人表现评价与绩效考核相关联等强化激励机制。如果某些员工在一定时间过去后，还不能克服差距、在业务上仍有障碍，可以考虑帮助他/她选择其他的职业发展机会，这将是对方员工个人和公司的双赢选择。

克服阻碍组织整合的主要因素之二：业务内容、为客户提供的价值、所需技能方面的差异

业务内容、为客户提供的价值、所追求的技能，归结到最后都是公司的商业模式和战略。恰好企业因为被并购而要进行组织整合，进而由于存在差异而被视为问题，但有差异并非员工个人的任何过错。因此，应当说明需要转变的必要性与原因，为变革提供强力的支持，并且要为推动变革增添强有力的动机。

那么，如何对于转变的必要性进行有说服力的解释？有的情况是商业模式与战略上比之前的更优化而让人信服，有的情况是孰优孰劣难以分辨。此处的逻辑是，转变的必要性越明确，越有利于为客户提供价值，应对竞争也越有优势，这个结果最终也将印证在公司业绩和个人薪酬上。

克服阻碍组织整合的主要因素之三：员工薪酬的差距

例如，同类销售职位，在整合前的两个公司内的薪酬水准与薪酬结构、销售激励政策有很大差别，就会是重大问题。倘若将此问题搁置不管，却让他们同席工作，会产生很大的困难。

要调整薪酬，可以有很多方法。例如，在设置变动期间、变动措施的同时，结合评估慢慢进行调整，如通过辞退人员与增加雇用来与市场水平匹配。另外，整合人力资源管理制度时将员工进行分类管理也是可行的。当然，在探讨时，也应当注意考虑当地的法律法规，若有工会等也要与之商谈。

此处的关键在于，应在并购的早期就对此类问题进行假设分析，在尽职调查期间注意搜集信息、对组织整合的挑战和风险性进行预判。若是调查发现整合薪酬没有大问题，则根据员工个人的实力、潜力来进行选拔；若是调查发现整合薪酬有大问题，则还需结合其现有薪酬进行分析讨论。

但是，立刻就会有以下问题浮出水面：怎样进行分析、怎样保持客观，需要花费多少成本，在得出结论之前还能保密地推进多久等。短期内实现组织整合的

现实方法是，从组织上层起按顺序选择可以信赖的关键人物，让他对于自身所辖的员工进行分析判断，对结论进行确认，核实是否有重大偏差，进行决策。这个做法虽然可能会产生“混乱”，但是，决定人员去留者给出了承诺，这将极大地提升整合势能的积蓄。

如果直到并购完成后才发觉此类问题，那么即使讨论的内容本身相同，由于此前向员工、工会做出了很多承诺、约定，这个时候能够采取的解决问题的自由度必然将会变小。相比于事先预料、有备无患地进行讨论，其应对无疑会有很大差距。

克服阻碍组织整合的主要因素之四：组织能力不足

组织整合所需要的高水平组织能力，除了结构与机制的完善，其实更大程度上意味着领导力的发挥，若是并购方具备此能力则最理想。但是，综观中国企业跨境并购的案例，很多时候是由被收购公司的人力资源独立运转（Stand-alone）或由其提供组织整合的方案。

要提高前述关于组织整合中的组织能力，有几个要点：将整合课题适当划分，建立相应的工作组；让 PMO 发挥作用，支持和领导这些工作组，让上层来解决问题；从两家公司挑选合适的人才，配置在工作组或 PMO 中，让其在正确的方向与动机下运作；让决议机构顺利决议；等等。在进行大规模决策时，设计出决策机制与每个成员担负的使命以及决定人选非常重要。

整合：并非特殊经验而是组织应具备的基本技能

整合是一个以并购为主战略的组织应该具备的重要能力，既包括并购整体流程制度的建设也包括软技能的提升。

从并购整体流程和制度建设的角度而言，随着组织不断扩张（包括国内及海外的并购），积累了一定的经验，应该尝试着总结归纳在并购的不同阶段，人力资源所能扮演的角色提供的价值、应该关注的要点及相应的工具和模板等。虽然不同的交易问题有所不同，但可以尝试归纳总结共性的问题及解决方法，同时对于不同类型的交易也可以进行分类分析，作为未来整合有借鉴意义的参考信息。另外，建立并购知识管理体系也是降低并购人才流失给公司带来的风险的有效措施。

培养并购管理人才是提升组织并购能力的另一个重要环节。在并购伊始，组织应该有针对性地培养相关人才（可以是兼职或全职人员），经验的积累需要过程，不是一蹴而就，为组织进一步扩张做好相关人才储备。